図説住まいの計画

住まい方から住空間をデザインする 新訂第二版

林 知子・大井絢子・林屋雅江・前島諒子・
塚原領子・林 美樹・濱田ゆかり——著

彰国社

はじめに

　住まいは人間にとって最も基本的な生活の場であり、人は一生の多くの時間をここで過ごしている。したがって、住まいの善し悪しは心身の健康はもとより、子供の成長発達や家族生活の安定、高齢者の自立など人間の幸せな生活に深い関わりを持っている。

　戦後、相次ぐ技術革新と工業化の中で住まいは確かに便利になった。暖冷房設備の普及によって快適な室内気候も得られるようになった。雑誌を彩る住まいのインテリアも美しくなった。そして電子頭脳を組み込んだインテリジェント住宅も話題になってきた。だが反面、国民の住まいに対する満足度は低く、現実には良い住まいを得ていないことも事実である。特に大都市を中心とした住宅問題や、住宅取得の不公平さなどは早急に社会的解決を図らなければならないが、国民一人ひとりがその基本となる"人間らしい暮らしのできる住まいの大切さ"を認識することが重要である。住まいはきわめて個人的な存在であると同時に社会的な存在でもあり、また住空間は人間の生物的な生活要求から、気候風土や歴史、地域社会の生活文化の総体としても捉える必要がある。そして住まいを自由で創造的な暮らしの場としてつくり出すには、個々人が住要求を明確にしてそれを住空間に結び付ける作業ができなければならない。このような認識に基づいて書かれたのが本書である。

　住まいの中で展開する様々な暮らしの行為をスクリーンに映し、その中から8つのトピックスを取り出した。ここではまず人間理解を基礎にして、生活と空間の関わりを歴史的に捉えながら今日的課題を考え、明日の住まいの創造に結び付く設計の手掛かりと資料の提供を試みた。そして住居学を学ぶ学生や、住まいの設計に関心のある人々はもちろん、誰でもが楽しくページを繰れるように図説の手法で展開した。

1989年3月

著者一同

新訂第二版にあたって

　1989年に初版を発行してから11年目に当たる2000年、1回目の改訂を行った。さらに10年を経過した2010年、2回目の全面的見直しで補足と修正を行った。その年が明けた2011年3月11日、日本は東日本大震災という未曾有の大災害に見舞われた。地震と津波に加えて福島の原子力発電所の爆発により、多くの人々が長く住みなれた家や生業を棄てて故郷を去らなければならなかった。放射能による土壌の汚染は広く関東平野から東北地方の広い範囲まで及び、海の汚染は地域の漁業にも甚大な影響をもたらした。いつ収束するか分からない放射能の脅威が現実のものとなり、私たちは長くこの事実を踏まえ、向き合っていかなければならなくなった。

　これに加えてここ数年の大きな変化は、情報化時代における情報量の飛躍的な増大である。いまや大多数の人々がスマートフォンを操り、SNS（social networking service）を使って瞬時にあらゆる必要情報を収得し、また発信することができるようになった。だが、それに伴う問題点も多く指摘されている。さらに、AI（人工知能）の進歩も著しい。自動車の無人運転は既に始まっている。将棋の対局相手にもAIが登場した。生産工場の自動化はもちろん、ホワイトカラーの仕事すら代行できる時代が見えてきた。医学や、科学技術の進歩も想像を超えるものがあるが、このように社会が変化するなかで、人間の暮らしはどうなっているのだろうか。安心や幸福感は低下し、経済格差は増大して、日本の子供の6人に1人が貧困状態にあるという。海外では戦争や内乱で逃げまどう人々の様子が映像に映る。一方、先進国と言われる国々ではナショナリズムの台頭が著しく、自国第一主義を掲げる指導者も現れている。地球環境問題や、平和と民主主義の基本的な理念は何処へ行くのだろうか。

　そのような世界状況の流れのなかではあるが、誰もが安全で安心して住める住まいや、高齢者が住み続けられる環境の整備の手は緩めるわけにはいかない。むしろモデルとなるような住環境をつくっていきたいものである。前回の改訂時にも述べたが、人間が築き上げてきた歴史や文化、互いに思いやり助け合う共同体や、自然と共生する住まいや町づくりの知恵を思い起こしながら、人間が健康で幸せに暮らせる住まいと住環境づくりに再び焦点を当てて本書の改訂を進めた。

　今回も引き続き多くの文献を引用・参考にさせていただいた。ここに改めて深く謝意を申し上げる。

2018年1月

　　　　　　　　　　　　　　　　　　　　　　　　　　林　知子

contents

1 人間と生活・住まい ———————————— 007
  1 人間とは ———————————— 008
  2 住まうかたち ———————————— 012
  3 環境と住まい ———————————— 022

2 生活行為と生活空間 ———————————— 035

A 眠る ———————————— 038
  1 睡眠の生理 ———————————— 038
  2 今日の睡眠環境 ———————————— 040
  3 就寝様式 ———————————— 043
  4 就寝空間の計画 ———————————— 049

B 食べる・つくる ———————————— 056
  1 食事について ———————————— 056
  2 今日の食生活 ———————————— 058
  3 食事の文化と変遷 ———————————— 060
  4 食事の場、調理の場の計画 ———————————— 063

C 着る ———————————— 074
  1 着るということ ———————————— 074
  2 環境と着衣 ———————————— 076
  3 移り変わる住まいと衣服 ———————————— 078
  4 和装と洋装 ———————————— 080
  5 衣類の収納と管理 ———————————— 082

D 排泄・入浴 ———————————— 084
  1 排泄する ———————————— 084
  2 入浴する ———————————— 086
  3 排泄・入浴の様式 ———————————— 088
  4 現代の衛生空間 ———————————— 092
  5 衛生空間の計画 ———————————— 094

執筆分担　林知子1、2-C、2-G／大井絢子2-B、2-E／
林屋雅江1-3-d、2-D、2-H／前島諒子2-A、2-H／塚原領子2、2-F、2-H／
林美樹1-1-a・b、1-2-a〜c、1-3-a〜c・d／濱田ゆかり1-3-d〜f

イラスト協力　村井祥平／熊谷美恵／花牟禮亜聖／小林朱美

装丁・基本フォーマット　三上祥子（Vaa）

E ふれあう・くつろぐ ——— 100
　1　今日のふれあいについて ——— 100
　2　ふれあい・くつろぎ空間の歴史 ——— 102
　3　今日のふれあい・くつろぎの空間 ——— 105
　4　居間の計画 ——— 108

F 子供を育てる ——— 116
　1　子供とは ——— 116
　2　子供と環境 ——— 118
　3　子供と生活 ——— 120
　4　子供と住まい ——— 122
　5　子供部屋の計画 ——— 128

G 高齢者が住む・安らぐ ——— 132
　1　高齢者と高齢社会 ——— 132
　2　高齢期の住まい ——— 134
　3　安全な住まい ——— 138
　4　高齢者の住まいの計画 ——— 140

H 暮らしを管理する ——— 146
　1　家庭生活の運営 ——— 146
　2　生活財の管理 ——— 150
　3　情報の管理 ——— 154

人間と生活・住まい **1**

私たちの祖先が、この地球上に現れたのは600万年前といわれているが、これは46億年という地球の歴史からすると、最近のことともいえる。人間はより良い暮らしを手に入れるため、様々な道具を発明し、手を使うことで脳を刺激し、知恵と技術を獲得してきた。また、社会を形成し、助け合いながら生活を守り発展させてきた。住まいは暮らしの拠点として厳しい自然から人間の身を守り、命をはぐくみ、今日の人類の繁栄の基礎を築いてきた。

　現代社会は、発達した科学技術によって便利で快適な生活を実現させたが、その反面自然への畏敬の念を忘れ、生態系へのダメージや、地球規模での環境破壊を進行させてしまい、人類の生存すら危ぶまれる状況となっている。

　ここでは、地球の生命体の一つである人間にとっての、住まいとの関係、社会の生態系における住まいのあり方などを考えていく。

1 人間とは

a 人類の起源

　人類の起源は定かではないが、近年はミトコンドリアDNAを使い、進化や種の分岐などの研究が進んでいる。霊長類からヒト属が分かれ、そして現代につながる現世人類のホモ・サピエンスが現れたのが、25万年前頃といわれている。

　人類を他の類人猿と区別する最大の特徴は直立二足歩行である。これにより、巨大な頭部を支えることが可能となった。両手が自由になったことで道具を使い、脳を刺激し、最終的には全動物中最も高い知能を得たと考えられている。

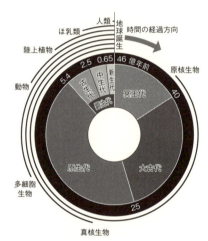

1● 地球時計

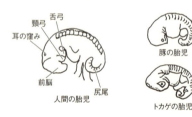

2● 人類の起源につながる胎児の形態

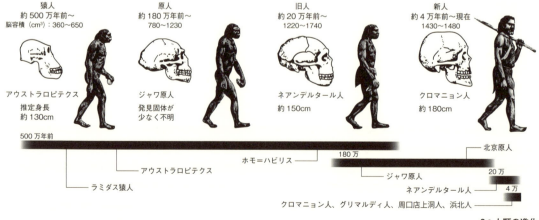

3● 人類の進化

b 人間の特徴

●人間の体と代謝

人間の体は、約60兆個の細胞と、体重の60%を占める水分で成り立っている。200以上の骨とそれをつなぐ関節によって複雑な動作が可能となっており、発達した知能を持つ人間の脳は、千百数億個の神経細胞からなり、それらのネットワークにより高度な機能が生まれている。

標準的体位、普通レベルの運動量の成人で、1日に女子で2,000kcal、男子で2,650kcalの食物、10^3 ℓの酸素、2.5ℓの水分を体内に取り入れて物質代謝を行い、不要なものを呼吸、排泄、発汗、放熱等によって体外に排出し、生命の維持を図っている。代謝によって得られたエネルギーの60〜70%は体温維持などの基礎代謝に用いられ、残りが運動等に使われている。発汗は、体温維持のために熱を放出する必要がある場合に起こり、その気化熱によって体を冷やす効果がある。現代においては、栄養過多、塩分摂取過多、運動量の不足等が生活習慣病の原因となるため、注意が必要である。

▲人間の体と概日リズム

人間は他の動植物と同様に、24時間の日周リズムに支配され、睡眠と覚醒の時間を持つ。これを概日リズム（体内時計）というが、乳児にはまだそれがなく、生後4カ月頃から徐々に成人と同様なリズムが備わるといわれている。このリズムで体内の代謝や分泌などが行われ、健康と生命の維持が保たれている。概日リズムには昼夜の光の明暗、食事などが影響することが分かっている。

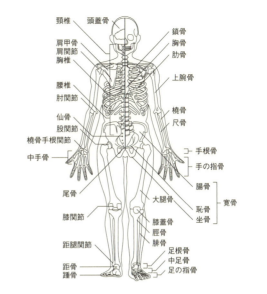

4●人間の骨格

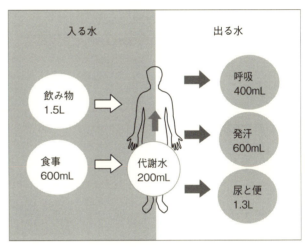

5●人間の体と水

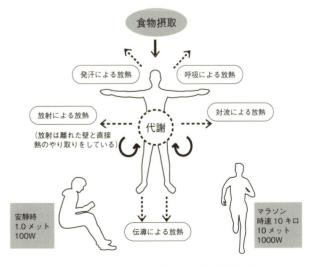

6●人間のエネルギー代謝と放射メカニズム
メットとは運動強度を示す単位。安静時を1メットとしてその倍数で運動の強さを表す

■ 人間の身体寸法と建築

　高度な知能と身体感覚を獲得した人間は、様々な道具を編み出し、住まいにも工夫を重ねて暮らしの質を高めていったが、その中で、人間は寸法（スケール）の基準をつくった。大きさや距離等を正確に他人に伝える必要があったからである。始めは体の一部や歩幅などを基準にした。

　英米で使われているフィートは足の指からかかとまでの長さが基本になっており、尺は、古代中国では片手を広げたときの親指から中指の先までの長さを指したという。

　レオナルド・ダ・ヴィンチは、古代ローマの建築家ウィトルウィウスの『建築論』をもとに、身体寸法から割り出したプロポーションで建築を捉えた。

　また、ル・コルビュジエは身体寸法と黄金比を結びつけた、美しい比例的寸法として「モジュロール」を提唱した。

　日本では曲尺（かねじゃく）（約30.30cm）や鯨尺（くじらじゃく）（37.8788cm）などが使われた。これらの尺貫法は1959年に廃止されたが、日本家屋の柱間寸法や柱・梁などの部材寸法には、現在も当時の寸法が使われている。日本家屋では、畳のサイズが基準となるが、畳はひとりの人間が横になることができる大きさである。しかし実際には地域によって、京間（1.91m×0.955m）、中京間（1.82m×0.91m）、関東間（約1.76m×約0.88m）と寸法が違う。

　日常の生活空間では、立つ、座る、歩く等のほか、様々な作業によって、人間の体は複雑な動きをする。それらの寸法の基準となるのが身体であることは間違いない。

7●レオナルド・ダ・ヴィンチによる人体プロポーション

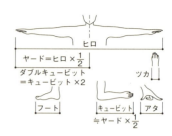

8●身体的尺度

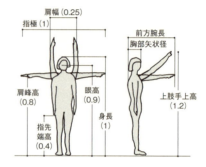

9●人体比例（身長を1として）。人間の体は身長と各部分が比例関係にあり、良いバランスを保っている

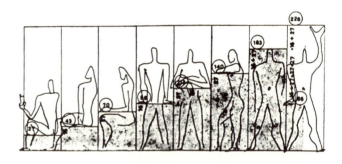

10●ル・コルビュジエが提唱したモジュロール
1：1.618という最も美しいとされる比率である黄金比を人体に適応させたもの。ル・コルビュジエはモジュロールを用いて数々の建築を設計している

京間
京間は畳のサイズ（1,910ミリ×955ミリ）が基準となって柱間寸法が決まる。そのため、柱間寸法は柱寸法により異なる。（1尺は303ミリ）

関東間
関東間は柱間寸法を決めてから畳割をする。そのため、畳寸法は柱寸法により異なる。

11●京間と関東間の違い

◆人間の一生

　人間の生命は受精によって発生し、母親の胎内で約10カ月間はぐくまれて出生する。他の動物と違い、未熟な状態で生まれるため、歩行できるようになるまで約1年、その後もめまぐるしい成長を遂げながらも成人するまでに長い育児、保護期間が必要である。そのために母子の絆が強く、母子の命を守る家族の存在を重要なものとした。

　子供は成人するとやがて、自らの家族や社会に責任を持つ壮年時代を迎えるが、この期間は、仕事と家庭、また地域、社会との関係のなかで、最も活動的な日々を過ごす。その後、身体的にも活力が衰え、高齢期を迎え、やがては死に至る。

　日本では少子化が進み、現在成人の女性一人当たりの出生率は2015年現在1.46人となっている。これは先進国の中でも低い値である。フランスやスウェーデンなどでは、政府の経済支援のみならず保育・就労等の環境整備に力をいれたことで、出生率が1.99人（フランス2013年）、1.89人（スウェーデン2013年）まで回復している。

　また、人の寿命は社会の状況にも左右されるが、近年医療技術の進歩により右肩上がりで、2015年現在、日本の平均寿命は女性が87.05歳、男性は80.79歳となっている。これからも寿命は延び続け、人生100年の時代がくるといわれている。最近は平均寿命よりも日常生活に制限のない期間としての健康寿命が注目されており、いかに健康な状態で老後を過ごせるかが重要となっている。

12● 「ゆりかごから墓場まで」とはイギリスの社会福祉政策のスローガンである

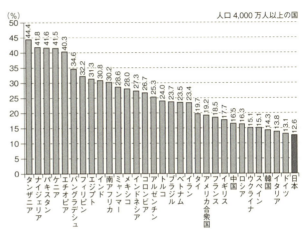

13● 各国の全人口に対する子供比率

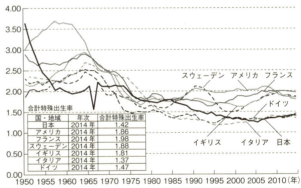

14● 出生率の国際比較

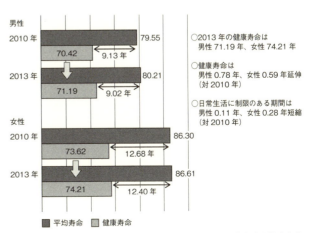

15● 日本人の平均寿命と健康寿命

2 住まうかたち

a 家族と住まい

●家族の集まり

人間は一般的に、生涯家族の中に身を置いて暮らし、家族を単位に構成された社会の中で生活する。それは弱い立場にある幼少期や高齢期の家族を守る必要からであり、また集まって力を合わせることで、より暮らしやすく、生産性を高めることができたからである。このように家族が中心となり、地域や社会などで集まることで高度な文化を生み出し発展させ、それを次世代に継承してきた。

▲家族の単位とかたち

家族とは、一般的には結婚した夫婦とその血縁関係者を中心に構成され、共同生活の単位となる集団をいう。以前は、両親や成人した兄弟姉妹を含めた大家族（拡大家族）で暮らすことは普通であったが、今日では、夫婦とその未婚の子供からなる核家族が一般的な形態になっている。さらに最近は入籍しない夫婦や、結婚しても生活を共にしない夫婦などもあり、家族の形態は多様化している。

世帯とは、住まいや生計を同じくする者の集団をいうが、血縁関係のない人や、ひとり住まいの人も1世帯と数えると、単身で暮らす高齢者や若者、単身赴任者などの増加により、1世帯当たりの人数は2015年現在2.49人となっている。

世帯の細分化は住宅の需要を増やす一方で、住まいのかたちや家族の役割にも変化をもたらし、世代間の交流や文化の伝承を困難にする一つの要因ともなっている。

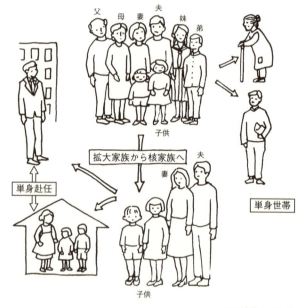

16 ● 家族のかたち

(年)	①	②	③	④	⑤	⑥
1975	18.2	11.8	42.7	4.2	16.9	6.2
1986	18.2	14.4	41.4	5.1	15.3	5.7
1989	20.0	16.0	39.3	5.0	14.2	5.5
1992	21.8	17.2	37.0	4.8	13.1	6.1
1996	22.6	18.4	35.3	5.2	12.5	6.1
1998	23.9	19.7	33.6	5.3	11.5	6.0
2001	24.1	20.6	32.6	5.7	10.6	6.4
2004	23.4	21.9	32.7	6.0	9.7	6.3
2007	25.0	22.1	31.3	6.3	8.4	6.9
2010	25.5	22.6	30.7	6.5	7.9	6.8
2013	26.5	23.2	29.7	7.2	6.6	6.7

①単身世帯　②夫婦のみの世帯　③夫婦と未婚の子のみの世帯　④ひとり親と未婚の子のみの世帯　⑤三世代世帯　⑥その他の世帯　⑦核家族世帯

17 ● 世帯タイプの推移

■ 家族の役割

社会の基礎的な単位である家族の持つ機能は、その社会や国家の状況によって規定されるが、基本的には、
・子供を産み育てる
・生活リスクから家族を守る
・情緒的安定
・高齢者や社会的弱者を介助する生活保護的役割

等がある。

人は家族の中に生まれ育ち、人間としての基本的な生活技術や生活態度を身に付け、一人の独立した人間として成長する。時代は移っても家庭が人間の基本的な生活の場であることに変わりはなく、一番大切なものは家族であると多くの人々は考えている。

だが、20世紀後半には家族の単位は縮小し、単身世帯、高齢世帯の増加もあって本来家族が担っていた機能が低下した。それを補うために、社会的支援の充実が求められるようになった。

北欧など先進国においては、社会福祉が制度として充実しているが、わが国では福祉予算も少なく、女性の労働環境は、まだまだ確立されているとはいえない。ひとり暮らしの高齢者の孤独死、年老いた夫婦のみの老老介護、児童虐待や育児放棄、近親間での殺人など悲惨な事態が起きている。これは家族の役割の機能低下と切り離しては考えられない。

◆ 家族の生活と住まい

住まいは、家族生活の拠り所となる場であり、共に暮らす家族が楽しく、健康で快適な生活を送ることが望ましい。

第2次世界大戦で多くの人々が家を失い、日本はきわめて厳しい住宅状況に置かれた。復興、高度成長期には、より良い仕事を求めて人々が都市部に集中し

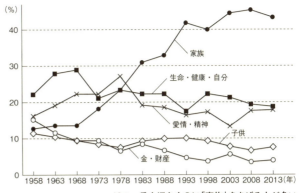

18 ● 一番大切なものに「家族」をあげる人が多い

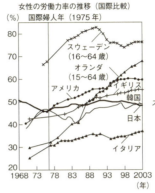
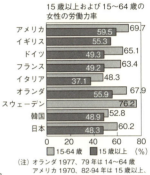

19 ● 女性の労働力率国際比較

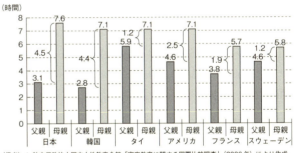

20 ● 平日親が子供と過ごす時間の国際比較

21 ● 家族の役割と家事の外部化

た。そのため、狭小な賃貸住宅が多く建てられ、4畳半一間、共同の台所で家族4、5人が暮らすことも稀ではなかった。

1950年代半ばになると国の住宅政策によって、日本住宅公団が設立された。公団が整備した集合住宅では浴室、水洗トイレなどを備えるようになり、それが一般に普及し、住宅環境は徐々に改善されていった。

個人主義の浸透とともにプライバシーが重視され、一般の住宅でも夫婦の寝室や子供の個室が設けられるようになった。賃貸住宅も以前のような町家や長屋ではなく、遮音性が高く、隣に誰が住んでいるのか分からないようなアパートやマンションへと変わっていった。しかし、このような家族間や近隣との関係を隔てるような住まいの形態が一般化することによって、家庭内コミュニケーションや社会への適応能力が阻害され、引きこもり、隣人トラブルなどを誘発しているのではないかとの指摘もある。そうした反省から、近年家族の気配を感じ、ふれあいを重視した住まいの計画が望まれている。集合住宅においても、住民間のコミュニケーションを重視した計画をするようになってきている。

しかしながら、高齢者が増え続けるなかで、快適に老後を過ごせるような配慮がされている住まいはまだ少なく、介助などの必要に応じて改修を余儀なくされる。また、高齢者が住まなくなった住宅が放置されるなどして、増え続ける空き家は社会問題となっている。

22●現在も増え続ける狭小住宅

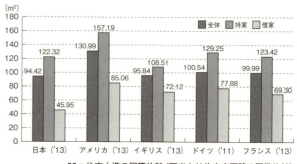

23●住宅水準の国際比較（戸当たり住宅床面積の国際比較）

コラム●空き家

全国での空き家総数は820万戸（平成25年総務省統計）となり、シンクタンクによれば、2033年には6,063万戸まで増加すると推測されている。2015年には近隣に迷惑となるような「特定空き家」については、行政が強制的に解体撤去指示を出すことができるようになった。しかし、空き家が放置されるのは、所

有者の複雑な事情や、土地や建物の建築基準法上の問題、相続や税金の問題等が絡み合っており、現在、行政や民間企業などが弁護士、税理士、建築士や不動産の専門家などの協力を得ながら相談窓口の開設を進めている。社会資産として空き家を利活用しようとする動きも盛んとなっており、リノベーションすることで、新たな付加価値を生んでいく試みが全国で行われつつある。

b 地域と住まい

●地域社会と共助

各地で発掘される住居跡から昔の人々が集落で生活していた様子を探ることができる。そこでは、家族は個別に住まいを持ちながら、広場や倉庫を囲んでまとまった集団をつくって暮らし、共同で狩猟や農耕に当たっていた。広場は神祭りや収穫作業、共に料理をして楽しむ場所でもあった。

狩猟から稲作の時代に入ると、集約的な労働と、互いに助け合って暮らすことが必要なことから地縁的、血縁的な集落ができた。世代を超えて共に暮らし、人々は互いを知り尽くし、喜びや悲しみも共にしてきた。しかし商品経済の時代である今日では、農村においても職業や生活が多様化して、古いしきたりは形骸化し、伝統的な地域行事は低調になった。過疎化によって高齢化した地域では、消防活動や葬式の助け合いなどの相互扶助活動すら困難になっている。

これに対して、城下町など都では商い中心の生活文化が発展する。そこでは「遠くの親類よりも近くの他人」といった近所付き合いが暮らしを支えていた。都市化の進展で、仕事に合わせて住民は移動するようになり、暮らし方や価値観の多様化、プライバシー意識の高まりもあって、他人との関わりを好まなくなった。個人でできないことは行政や企業に肩代わりを求め、地域や近隣に対して無関心な人が増え、地域の連帯感は失われていった。

地域社会のあり方が変化するなかで起きた阪神・淡路大震災や東日本大震災などは、防災、共助といった面での地域社会の大切さを再認識する機会となった。

24●地域共同体「結い」による茅葺きの葺き替え作業（白川郷）

25●江戸の長屋暮らし

26●手のひらに太陽の家（被災した子供たちを受け入れる宿泊施設　宮城県登米市）

▲ 現代の暮らしとコミュニティ

　都市部の勤労者の生活では、旧来の地縁、血縁集団ではなく、社縁集団を重視するようになる。企業は、職場への帰属意識を高めることで労働力を安定的に確保する狙いもあり、相互扶助機能の一部も担っている。住まいは就寝のための場所となり、郊外の住宅地はベッドタウンと呼ばれた。夫が働き妻は専業主婦という家庭の場合、夫は家庭や地域で過ごす時間が少なく、子育てや地域との関わりは妻の役割となっていった。

　当初、共住慣習を持たなかった移住者も、そこで子育てや老後を迎えるようになり、地域を見直す動きが出始めている。

　女性の就業率が上がり、2015年においては16歳から65歳までの女性の約6割が働いており、20代から40代の子育て世代の就業率も7割を超えた。そのような状況のなかで、保育所不足の解消、子育て支援など行政サービスのみならず地域社会でのサポートの必要性が高まっている。

　老若男女問わず、目的化した学習や健康づくり等への関心の高まりから、コミュニティでの様々な教室の開催、ボランティア活動等も盛んになってきている。

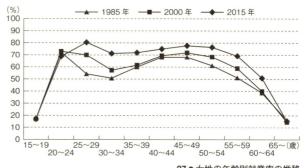

27 ● 女性の年齢別就業率の推移

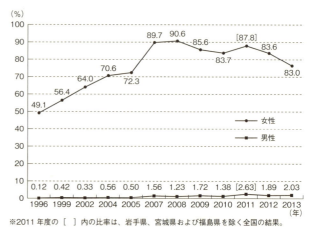

※2011年度の [ ] 内の比率は、岩手県、宮城県および福島県を除く全国の結果。

28 ● 育児休暇取得率の推移

29 ● 地域コミュニティでの活動例

コラム ● I ターン・U ターン

　転職のかたちとして、都会育ちの人が地方に行き就職することを I ターン、一度進学や就職で都会に出た人が地元に戻って仕事につくことを U ターンと呼んでいる。人口減少の激しい地域では、自治体によっては、移住を促すために積極的な施策を行っているところも少なくない。空き家等を利用した住宅支援、子育て支援、就業斡旋や助成金制度などを HP 等で公開している。また、移住のための情報サイトなどもあり、地元のコミュニティや慣習に戸惑う場合も多いようだが、都会では得られない自然豊かな場所での暮らしが子育て世代やセカンドライフ世代には注目されている（写真：㈱えんがわ内部。徳島県神山町には IT 企業がサテライトオフィスを構えている）。

■ 住み良い地域をつくる
コミュニティ施設の役割

　近年、地域と関わり、共に地域を考える活動が活発になってきている。これは、働き方や家事労働の合理化などから時間的ゆとりが多少なりとも生まれていることや、社会貢献への意識の高まりなども影響している。従来の自治会、町内会といった組織に参加するほか、自主的な活動グループや、NPO法人を立ち上げて、地域ボランティア活動をしたりする人も増えている。

　それらの活動の拠点として地域のコミュニティ施設などが使われるが、多様化する需要に応えるには、地域住民の要望をまとめ、ワークショップなどを通じて住民参加型でつくられる必要がある。

　また、地方都市においては中心部の居住者が減る空洞化、アーケードのシャッター街化が問題となっている。できるだけ、中心部に住宅や暮らしに必要な施設を集約するコンパクトシティが構想されているが、地域の住民自身が、街の魅力を探りだし、問題解決に向け主体的に取り組み、行政とは良きパートナーシップを組んでいくことが望まれる。

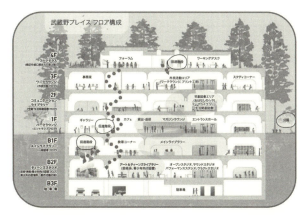

30 ● 図書館をコミュニティの核にしてつくられた武蔵野プレイス

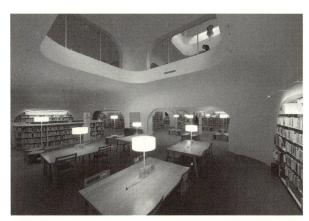

31 ● 武蔵野プレイス（図書閲覧室）

32 ● 廃校となった校舎を使った道の駅（保田小学校）
地域の交流と発信の場となっている

コラム ● 住みたい都市ナンバーワン、ポートランド

　全米で最も住みたい街といわれている人口60万人のポートランド。豊かな自然に囲まれ、街の中心部は1街区が60mと小さく、路面電車など公共交通機関が整備されており、歩行者に優しいコンパクトシティである。街の建物は1階部分を店舗に、2階以上にはオフィスと住居を混在させているため、一日中賑わいが絶えない。地元で採れた旬の豊かな食材を使ったレストランや地ビールなども魅力の一つ。1930年頃から「ネイバーフッド・アソシエーション（NA）」という自治体のような組織があり、地域の問題はこのNAで住民一人ひとりが自分のこととして考え、街づくりに積極的に参加。自分の街を住民自らつくりあげてきたポートランドは多くの人を惹き付け、1日2万人以上の人が訪れるという。

C 集まって住む

●集合住宅の歴史

人間は、集落をつくり共同体としての暮らしをしてきた。住居の形態は気候風土の違いやその土地で入手できる材料等によって、各国で様々な発展をとげる。中国福建省の客家土楼は同じ建物に多数の世帯が暮らす住居形態として、特殊であるが興味深い。当初は大家族(一族)が200～300人で共同生活をしていた。周囲にめぐらされた版築でつくられた土壁は、外敵から一族を守るためのものである。中央には祖先を祀り、冠婚葬祭に使われる祖堂がある。中庭に面して共同の厨房や食堂があり、2層目以上に個室群がある。

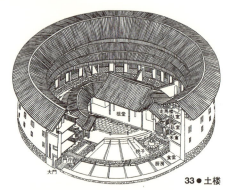

33●土楼

「集合住宅」の歴史は、ヨーロッパでは古代ローマ時代にまでさかのぼる。下層階級のためにインスラと呼ばれる6、7階建ての共同住宅が建てられていたという。

近代以降、特に都市部への人口が集中する20世紀に入ってからは、それまでの非衛生的な住宅環境の改善を目指し、新しいタイプの集合住宅が模索された。

34●ドイツにおける1920年代の住宅団地グロースシードルング(ブリーツ)

ベルリンでは、1920年代から30年代にかけて公的な要請で建築家たちが先駆的な集合住宅を設計している(ベルリンのモダニズム集合住宅群 2008年世界遺産登録)。

その後は新しい都市構想から、様々な住宅形態が提案され、建築技術の進歩により超高層の集合住宅が建設可能となった。

日本国内でもこれらの影響を受け、1950年代以降多くの集合住宅がつくられるようになり、現在では東京都区生活者の7割以上が集合住宅に暮らしている

35●超高層アパート マリーナシティ(1967年シカゴ)
3人のうち左端が設計者のゴールドバーグ

というデータもある。
　ここでは日本における集合住宅の規範となった同潤会アパート、世界に影響を与えたユニテ・ダビタシオンを取り上げる。

同潤会アパート
　関東大震災の復興住宅として、1924年から1933年の間に建てられた鉄筋コンクリート造の集合住宅で、東京および横浜で延べ16棟あった。電気、都市ガス、水道、ダストシュート、水洗便所等最先端の設備のほか、エレベーター、食堂、共同浴場、売店、洗濯室などや音楽室（大塚女子アパートメントハウス）、社交室や理髪室（江戸川アパートメント）などの共用施設が備わっていた。居室も独身者用から家族向けまであり、子供の成長に合わせて引っ越したり、部屋を借り足したりし、コミュニティとの関係を維持したまま、長く暮らす人が多かったという。2013年に解体された上野下アパートメントを最後に現存している建物はないが、表参道ヒルズでは、青山アパートメントの外観が一部再現されている。

マルセイユのユニテ・ダビタシオン
　20世紀を代表するフランスの建築家、ル・コルビュジエが1952年に南仏マルセイユに設計した集合住宅ユニテ・ダビタシオンは、1階がピロティ（建物を柱で支えた吹きさらし部分）となっている18階建て、337戸の集合住宅である。メゾネット（2層分を使った住居形態）で1～4人家族を想定した住戸により構成されている。7、8階には店舗や郵便局、屋上には保育園、体育館、プール等がある。1961年より空室だった住戸を利用してホテルも開業した。2016年、ル・コルビュジエの一連の建築作品とともに世界遺産に登録された。

36 ● 同潤会青山アパートメント

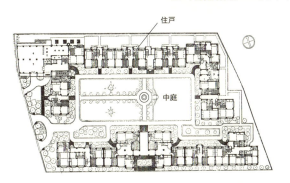

37 ● 同潤会江戸川アパートメント

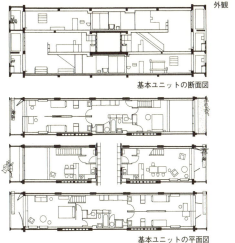

38 ● マルセイユのユニテ・ダビタシオン

▲集まって暮らす新しいかたち

コレクティブハウジング

　北欧で1970年代に生まれた住まい方で、住みたい人たちが集まって話し合いながら住まいや街をつくっていく。独立した住戸を持ちながら、共同で使うキッチンやリビング、ランドリー、育児室などがあり、それらを自主的に管理運営する。ひとり暮らしの若者から子育て中の家族、夫婦のみ、ひとり暮らしの高齢者まで、交代で食事をつくり、共に食事をし、育児、家事等を協力して行う。北欧では女性の社会進出と共に広まり、現在では公営住宅でも取り入れられている。

　北米では1980年代以降コウハウジングとして広まった。日本でも2003年「コレクティブハウスかんかん森」を皮切りに、東京都内を中心に増えている。無縁社会、高齢化などが問題となる今日、新たなコミュニティづくりとして期待されている。

コーポラティブハウジング

　スコットランドの協同組合に端を発するといわれるコーポラティブハウジングは、入居希望者たちが組合をつくり、その組合が事業主となって土地の取得、建築家の選定、建設業者の手配まですべてを行う集合住宅の建築方式である。

　既成の事業者から供給される集合住宅と違い、居住者たちの目指す住まいがオーダーメイドでつくられる。企画から完成まで多くの時間を要するが、居住者間相互の理解やコミュニケーションが促されるという利点もある。

　欧米では、既存建物の改修も含めて普及しており、ノルウェーのオスロ市においては住宅の40％に達するといわれる。日本でもこの方式で個性的な集合住宅がつくられている。

39 ● 居住者が共につくり、共に食べるコモンミールの様子（コレクティブハウス聖蹟）

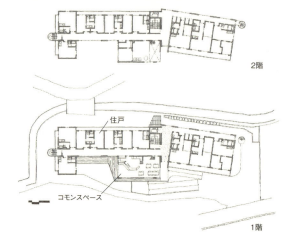

40 ● コレクティブハウス聖蹟　平面図

41 ● 屋上緑化などが取り入れられた欅ハウス（環境共生型コーポラティブハウス）

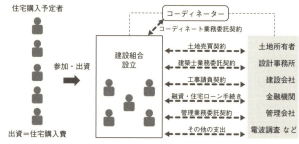

42 ● コーポラティブハウジングのしくみ

エコビレッジ

生態系と調和し、環境負荷を低減しながら、人間としての深い幸福や精神の充足を図っていくコミュニティを1990年代以降このように呼ぶようになった。しかし、それ以前にも欧米では暮らしや生き方にはっきりした目的意識を持ったコミュニティ「目的共同体」が存在し、それらは自然との調和を目指していた。スコットランドの「フィンドフォーン」やパーマカルチャーの手法によるオーストラリアの「クリスタル・ウォーターズ」等が知られている。

NGO団体GEN（グローバル・エコビレッジ・ネットワーク）によれば、現在世界中に15,000カ所のエコビレッジがあるとされている。エコビレッジには環境面、社会面、経済面、精神面の四つの側面があり、それぞれ方法に違いがあっても、環境に負荷をかけず持続可能であり、平和で心豊かな暮らしを実現しようとしているのが特徴である。

経済と精神の面まで踏み込まずとも、環境への配慮と小さなコミュニティにより豊かな生活環境を得ようとする試みは、日本国内でも行われており、コーポラティブハウジングの手法による集合住宅や村起こしとしてのエコ村などの事例がある。

43 ● 下水の敷地内浄化、自然素材でつくられたモーアヴァーゼンジードルンク（ドイツ）

44 ● アースソング（ニュージーランド）
パーマカルチャー、コウハウジングの手法を取り入れたエコビレッジ

45 ● BedZED（2002年、ロンドン）
バイオ燃料電池など多様な環境設備を備え、暮らしのシェアリングなどの試みもされている集合住宅

コラム ◉ パーマカルチャー

パーマカルチャーとは、パーマネント（永久の）、アグリカルチャー（農業）、カルチャー（文化）からつくられた造語であり、持続的な環境をつくるためのデザイン体系である。1970年代にオーストラリアのビル・モリソンとデビッド・ホルムグレンによって提唱された。生態系を生かしながら、建物、水、エネルギー、コミュニティなど生活全体を対象としており、エコロジカルで経済的にも持続可能、多様性に富みながら精神的に豊かな暮らしを目指している。これは、ある意味で日本の里山や先住民族の暮らしに近いともいえる。具体的には、自家菜園での自給的食料づくり、地域内で完結する小さな経済システム、エネルギー消費を減少させるライフスタイルの実践などがあげられる。

地球環境への負荷を軽減させるためには、近代の成長志向型経済・社会システムの転換が必要で、土地や資源を持続的に利用していくパーマカルチャーの原理は、様々な分野に影響を与えている。

3 環境と住まい

a 自然環境と住まい

● 自然界のサイクル

多くの生き物は、自分の体を環境に適応させながら限られた条件のなかで生きてきた。人間は知恵と技術を持ったことで、自然に適応しながらも人為的に生存できる環境をつくり出し、生活の場を拡大していった。石の道具や火の発見は、食料の種類を増やし、石や木を材料にした家をつくり、風雨や寒さ、外敵から身を守り、低緯度高温な地域から、高緯度厳寒の地域にまで住めるようになった。

人間の生存は、体に直接取り入れる酸素、水、食物、身にまとう衣服、生活に使う諸道具、さらにそれを生産する人々すべてを包み込む自然界の生態系のなかで成り立っている。どこまでも自然界の一員である人間は、それを離れて生きることはできない。

▲ 風土と住まい

人間はこの地球上に様々な住まいをつくり出してきた。これらの住まいは自然に適応しながら生きてきた人々の証であり、そこには人々の暮らしや社会のしくみが深く刻み込まれている。熱帯雨林地帯には雨や強い日差し、湿気を避けた高床式住居や水上住居があり、砂漠や草原を移動する遊牧民は、屋根や外壁に毛皮やフェルトを使い、分解、組み立て可能な可動式の住居を持っている。また、アフリカの草原には灌木や日干しレンガ、泥で塗り固めた住居もあり、その土地で得られる材料を使いながら、宗教、生活文化を背景に、自然環境に合った様々な住まいをつくってきた。

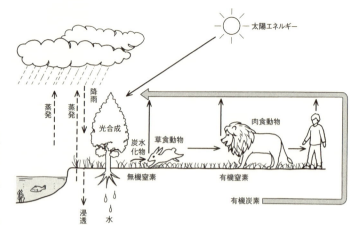

自然界ではすべての生き物は互いに連鎖しながら生存している

46 ● 自然界のサイクル

47 ● 住まいの役割

地図上の数字は23ページの建築の位置を示している

48 ● 世界の風土に根差した住まい

1―人間と生活・住まい

49●イグルーの雪ブロックの家（カナダ）

50●萱の家（ベネズエラ）

51●遊牧民のゲル（モンゴル）

52●黄土をくりぬいたヤオトン（中国）

53●水上住居（マレーシア）

54●日干しレンガの家（トルコ）

55●木造丸太組の家（チェコ）

56●土と草の家（カメルーン）

b 日本の住宅の特徴

● 日本の気候風土と住まい

　日本列島は、南端の北緯20度から北端の45度と南北に長いため気候条件は一律ではない。しかし、東西の幅は比較的狭いため、四季の変化は桜前線が北上するように、時間差はあるが比較的類似している。いずれの地域でも夏季の高温多湿は共通し、蒸し暑い夏を快適に過ごすための住まいづくりの工夫が随所に見られた。豊かな森林から採れる木材は建築材料に適し、日差しを避ける長い庇、開放的な間取りは建具を開け閉めすることで風通しを良く、また湿気を逃がすことができた。それに比べて冬の寒さには重ね着や囲炉裏での採暖で耐え忍ぶというもので、防寒対策は至って粗末なものだった。明治10年代頃から日本に渡ってきた伝道師たちは、日本の住まいの寒さにふるえ、寒さを防ぐ二重窓や暖炉を取り入れた欧米式の住居を各地に建てて住んだが、日本人の住まいに直接影響するものではなかった。

▲ 伝統的民家の建て方

　日本の気候風土のなかで編み出された木造建築は、自然素材によって構成され、伝統構法として今日まで受け継がれてきた。

　12cm前後の角材を柱として使い、これに梁や桁を架けていくが、現在のように金物で接合せず、継ぎ手や仕口によって木材だけで組んでいく。床下通気と畳床で湿気を避け、建具は開放できて風を通し、空気層を含む茅葺きの厚い屋根は断熱効果もあった。建物の寸法は、人体寸法から割り出された3尺（約90cm）と6尺（約180cm）の寸法を基準に構成されているため、畳や建具は規格寸法とな

57 ● 茅葺きの民家

58 ● 沖縄の伝統的民家

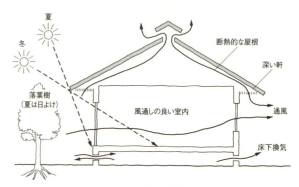

59 ● 自然の恵みを生かした日本の住宅

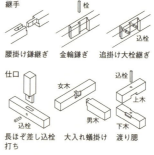

60 ● 伝統的継ぎ手仕口

61 ● 栓、楔で仕口を締める

り、解体して再利用することが可能であった。

■ **伝統的間取りと住まい方**

日本の住まいの原点は、明治以前、国民の90％以上を占めていた農民の住まいである。

間取りの変遷を見ると、1室居住から分化して土間と床上部分に分かれ、床上は建具で仕切られて2室から4室に分かれて四つ間型住宅に発展した。部屋の間仕切りは障子、襖、板戸などで、これを開け閉めすることで部屋の大きさは自由に調整できた。畳の座敷は布団を敷けば寝室、膳を出せば食事室、建具を外せば人寄せの大きな部屋にもなる便利なものであった。外と内をつなぐ縁側は、衣類や収穫物の干し場、家事裁縫の場、子供の勉強や遊び場、近所の人との交流の場にもなった。

この融通性に富んだ住まいには、狭さを感じさせない開放感があった。座敷には家具などはほとんど置かず、開け放せば縁側を隔てて庭の小さな自然へとつながり、そこには自然を愛した日本人の暮らしがあった。

布団を敷けば何人でも寝られることで、家族の人数がどのように変化しても、また、来客があっても自由に対応できることも便利であった。どのような形でも包める風呂敷、解けば8枚の布に分解でき、羽織や襦袢、座布団などに再利用できる着物は日本固有の文化であり、建物もまた同様に非常にフレキシブルなものであった。だが、これらの伝統的な住まいは、家族という集団の共同生活の場であり、個人の生活要求を犠牲にしなければ成り立たず、絶えず家族の視線のなかで暮らす窮屈さもあった。

62 ● 昭和初期の住宅の建前（東京都新宿区）

63 ● 上棟式では餅やおひねりをまく習慣があった

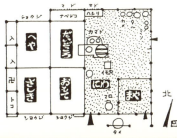

64 ● 四つ間型住宅

65 ● 建具を外すと開放的になる伝統的民家の内部

C 近代化、都市化と住まい

大正期に入ってから、従来の日本住宅に対する不満や批判が高まって「住宅は便利で安全、衛生的で住み心地が大切であるが、日本家屋は防寒に欠け、建材は燃えやすく、腐食しやすく、地震や火災に弱い」と指摘する研究者や「すべての家屋を欧風建築に改造することをためらわず、二重生活（和風と洋風をとりまぜた生活）を避けて洋服を着るように」と主張する識者もいた。欧米の生活様式を最善のモデルとした生活の簡易化、合理化、洋風化の主張によって、中産階級は従来の和風住宅の一部に洋風応接間を加えたが、二重生活の解消には至らなかった。その後、ガスや水道の普及に伴い台所にも改善の兆しが見られたが、借家がほとんどであった一般庶民の住まいが変わることはなかった。

● 第2次世界大戦後の住まい

420万戸の住宅を焼失した戦後の住宅事情は極端な困窮状態からの出発だった。特に都市部では焼け野原となり、そこに人々がバラックを建て、畑をつくり商いをし、生活を立て直していった。

しかしながら、建築材料等の供給が追いつかず、安普請の住宅しか建てることができなかった。

▲ 高度経済成長期と住まい

復興期を経て、社会の民主化が進むと、かつての封建的な家長制度が崩れ、家族の暮らし方にも変化が現れる。1950年代半ばからの高度経済成長期においては、都市部に人口が集中し、多くの住宅、団地などが建設された。住まいは家族生活の場として位置づけられ、個人の生活も尊重されるようになった。床

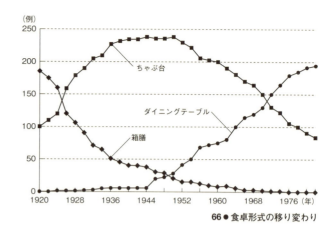

66 ● 食卓形式の移り変わり

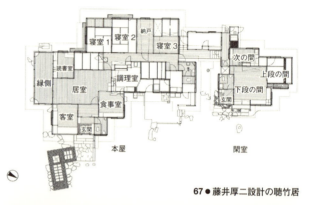

67 ● 藤井厚二設計の聴竹居

68 ● 日本住宅公団第一号の金岡団地（1956年完成）

69 ● ダイニングキッチンは当時の主婦の憧れであった（日本住宅公団蓮根団地・1957年）

座から椅子座中心の生活に移り、暖冷房、給湯などの設備機器の向上によって、台所、浴室、トイレなどが改善された。1964年の東京オリンピックや1970年の大阪万博などを経て、日本はGNP（国民総生産）が世界2位となった。三種の神器と呼ばれたテレビ、洗濯機、冷蔵庫が普及し、家庭の家事労働時間は短縮されるようになる。

また、石油化学製品の新建材等が多く開発され、在来の木造家屋でも使われるようになり、またプレハブリケーションによる住宅供給も盛んになった。

■ バブル経済期以降の住まい

その後、二度のオイルショックにより経済が低迷するが、1980年代後半から、バブル経済期となり、土地の価格が急激に上がり、建設ラッシュとなる。マンション等の不動産も投資対象となり、実際の需要以上につくられるようになった。特に眺望の良い高層マンションは利便性の良い立地に建設され、ステイタスとして憧れの対象となったが、防災上の問題や、自然と切り離されることによる子供の成長への影響、身体的ストレス等が指摘されている。宅地を細分化し、狭小住宅を建て販売するミニ開発が街並形成のうえでも問題視されているが、これは世界的に見ても高価な土地価格が原因と考えられる。また、大手ハウスメーカーの住宅が全国に建てられるようになったことで、住宅の地域性が失われつつある。現在では耐震性、省エネルギー性などが重要視され、またシックハウス、長寿命、低炭素、自立循環型社会への対応性などが住宅のキーワードとなっており、古い住宅のリノベーションも盛んに行われるようになってきている。

70● プレハブ住宅で登録有形文化財を受けたセキスイハウスA型

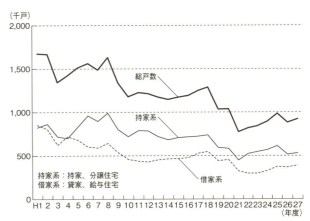

71● 新築住宅着工戸数の推移

72● 高層マンションと低層住宅が入り交じる街

d 環境問題を考える

日本の経済は、豊かさを求めて邁進してきたが、急激な都市化が住宅問題や自然破壊を引き起こし、公害による健康被害をもたらした。

特に戦後の住まいづくりは便利さ、安直さに走り、環境との調和を忘れ、建てては壊すことを繰り返してきた。未来に向けてのものづくりは、持続可能性を求め、環境配慮から、環境共生へと移行すべきである。

73 ● 解体される住宅

● 建築が環境に及ぼす影響

建築関連で排出されるCO_2は日本全体の3分の1といわれている。排出原因はセメント、鉄鋼、アルミなどの資材の生産、運搬（東南アジアからの南洋材、カナダやシベリアからの北洋材などの運搬も含まれる）、建設工業、建物使用に伴うエネルギー消費（暖冷房、照明、電気器具など）や建物の解体と廃棄などである。また、短いサイクルでの建て替えは環境に大きな負荷を与えている。

建物は日照、風向、気温など周辺の微気候に影響を与える。コンクリート造の建物と道路からの輻射熱、空調から吐き出される温風が周囲の温度を上昇させる（ヒートアイランド現象）。

周辺の温熱環境の悪化によって多くの人は住まいの窓を閉ざし空調による人工的な環境で暮らすようになった。これは、人間の体にとってきわめて不自然なはずである。

人間が周辺環境とのつながりを失わないための住まいや住環境づくりは、今後の重要な課題である。

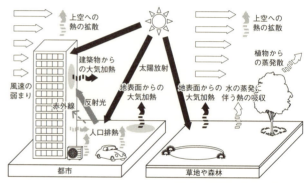

74 ● ヒートアイランド現象と緑地の蒸散作用
ヒートアイランド現象とは、空調や設備機器、車等からの人工排熱、コンクリート、アスファルト等の蓄熱からの排熱、建物の高密度化、緑地の減少により都市部の気温が周辺より高くなることをいう。緑地や水面の蒸散作用、風は気温を低下させ、ヒートアイランド現象を抑える効果がある

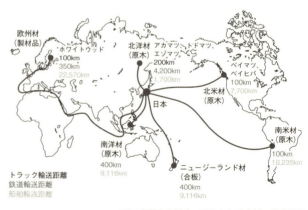

75 ● 各国から日本へ輸入される木材の輸送距離

> **コラム ● ウッドマイレージ**
>
> 木材の輸送量（m³）×木材の輸送距離（km）
> ウッドマイレージの低い木材を使用することが、環境負荷を減らす。

▲ 建物の廃棄と課題

　建物の解体とそれに伴う廃棄物は、環境に大きな負荷をもたらす。建築廃棄物は産業廃棄物全体の20％に及ぶ。建設中や解体時に出る廃材については、排出事業者に対して分別によるリサイクルと明確化が義務付けられている。だが、リサイクル不可能な廃棄物もあり、それを捨てる最終処分場（埋立地）の残容量は、まもなく限界に近づいている。

　また、これらの廃棄物から出る有害物質が周辺環境を汚染する問題もある。壁に使われるサイディング、屋根材、床材、断熱材等に含まれるアスベストや塩化ビニル製品等の燃焼時に出るダイオキシン等である。アスベストを含む建材は、現在、製造が禁止されているが、既存の建物に使用されているため、法の規制があり、解体時の処理には細心の注意が必要である。しかし、火災の発生時にはこれらの飛散を防ぐことは困難である。

　建設の時点で廃棄時のことを考え、再利用できることや有害物質を出さない建材を選択しなければならないことは当然だが、長寿命の建物を建て、長く使い続けることが環境への負荷を軽減することにつながる。

■ 住まいとエネルギー

　住まいは建設段階から多くのエネルギーを消費し、生活するうえでも様々な場面でエネルギーを必要とする。持続可能な未来のためには、エネルギー消費を減らしていかなければならない。既存建物においては、断熱改修によって、省エネルギー性能を向上させることができる。また、日本の伝統的な木造住宅には先人の知恵がつまっており、その優れた技術や方法から学ぶべきことは多い。

　環境共生型住宅を考えるうえで重要

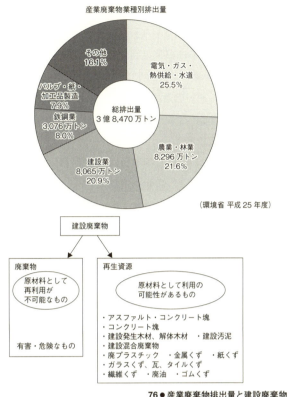

76● 産業廃棄物排出量と建設廃棄物

77● アスベストを含む可能性のある建材

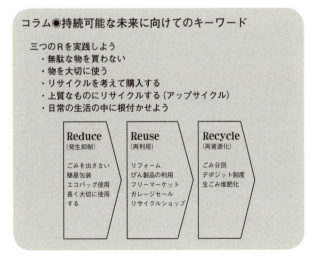

なのは以下のような点である。
・自然の気候条件を生かし、日照、通風に配慮する。冬は日射を取り入れ、夏にはこれを避ける。集熱装置による太陽エネルギーの活用を図る。
・建築材料はなるべく地元産の自然素材を使うようにする。
・断熱性能を高くしてヒートロスを防ぐ。特に窓まわりの断熱、遮熱などに配慮する。ただし、換気には十分注意する。
・世代を超えて長い間使い続けられる、耐久性のある建物をつくる。

原発事故以来、電力供給のあり方についても見直されるようになり、再生可能エネルギーによる発電で、地域内で自給することも検討されるようになってきた。また、一戸建ての住宅レベルでも、屋根面での太陽光発電と蓄電池によって生活の電力をすべてまかない、電力会社との契約をしないオフグリッドハウスも可能となってきている。電気だけでなく、給湯に太陽熱温水器を使う、HEMS（ホームエネルギーマネージメントシステム）などによって家庭内の電力消費の状況をチェックすることなどにより、日々エネルギー消費を減らす心掛けが必要である。

●環境共生住宅・省エネ住宅の考え方
1. 太陽エネルギーの活用（開口設計、庇、樹木の配置、ソーラーハウス）
2. 水循環への配慮（上水、節水、下水処理、雨水利用、雨水浸透）
3. 高気密高断熱（断熱材、二重サッシ、複層ガラス）
4. 屋上・壁面緑化
5. 換気・通風（床下、小屋裏、間取りの工夫〈風の通り道〉）
6. 間取りの工夫（外周面が少ない）
7. 構造材の高耐久化（産業廃棄物を減らす）
8. リサイクル考慮の住まい（再生材の使用、石油製品の見直し、ユニット製品）
9. ライフスタイルの見直し

78●環境共生住宅の考え方

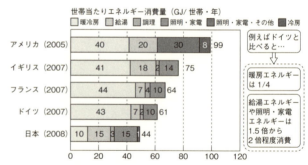

79●各国の世帯当たりエネルギー消費量の比較
欧米に比べ、暖房エネルギーは少ないが、給湯、家電などが占める割合が高いことが分かる

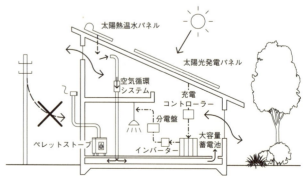

80●オフグリッドハウスの試み

◆水資源と暮らし

人は水を求めて生活の場を決めた。

人間の生存にとって水は食物と並んで何より大切なものである。

面積の3分の2を水に覆われている地球は水の惑星といわれるが、人間が使用できる水はその0.01％にすぎず、気象変動によって利用できる水は偏在し減少している。地球上の12億人がきれいな水を確保できず、今後さらなる人口増によってきれいな水の確保と分配は大きな課題となる。

節水と再利用

水資源の安定的な確保と供給は、日本においても重要な課題である。

日本は雨の多い国であるが、国土面積に比べ人口が多く、降水量人口比では、世界平均を下回っており、水資源に恵まれているとはいえない。水道の普及率は100％近くあり、きれいな水は、簡単に蛇口から出るが、身近ゆえに無駄遣いされがちである。

水資源を大切にするには、暮らしの中の節水、節水型住宅設備機器の選択、水の再利用などの方法がある。水の再利用には、一度使用された比較的きれいな水を利用する中水利用や雨水利用などがある。中水利用は、地域限定や大規模ビルでは実現しているが、一般の家庭では普及していない。しかし、雨水利用は、一般家庭でも気軽に設置できるタンクもあり、非常時用水としても利用できるので普及しつつある。

雨などの淡水を地下に浸透させ表層部に保持することも大切である。その方法として道路や歩道に浸透性舗装材を利用、雨樋を雨水浸透枡に連結するなどがある。地球上の水循環を崩さないよう心掛け、いかに利用可能水を確保していくかがこれからの課題となる。

81●水は地球を巡っている

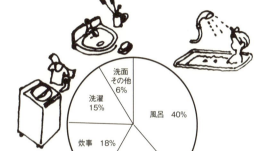

82●家庭用水使用量の内訳

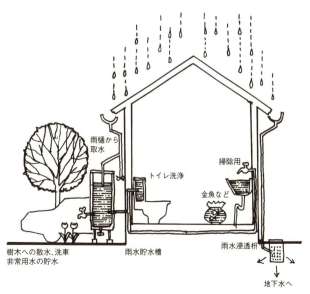

83●家庭の雨水利用

● 緑の環境をつくる

　緑は人々に安らぎを与えるばかりでなく、空気の浄化や気候調整など計り知れない効用を持つ。真夏の都心でも緑地に入ると3～5℃温度が低いとされている。一度失われた緑を回復するのは容易なことではない。したがって既存の緑は大切にすると同時に増やす努力をしたい。

建物の緑化

　建物の周囲、特に南面に落葉樹を配すると、夏の日差しを遮り建物の温度上昇を防ぎ、冬には落葉するため建物に日差しを取り入れることができる。また建物自体を緑化することも効果的である。壁面に蔦などを這わせたり、夏の間、ゴーヤや糸瓜、朝顔等で日射を遮ることも効果がある。屋上緑化は屋上の表面温度を20℃以上、また条件によるが室温を10℃以上下げることができる。壁面と屋上の緑化で建物の蓄熱を減らすと周辺の夜間温度も下がる。ベランダ、南側にある庭の緑化は照り返しを和らげる効果がある。

街の緑化

　夏の緑道は、微気候の調整効果で心地よく、近隣のコミュニケーション空間ともなる。街路樹にも同様な効果があり、都市空間に季節感をもたらし街の個性の演出にもつながる。災害時には防災の効果もあり、雪国では、積雪時の道路指標ともなっている。

　緑化の問題点は、成長する樹木の剪定や、害虫の防除、落ち葉の清掃等であるが、自然界の循環の一環として共生し、その恩恵を受けることに価値を見いだしたい。

- ヒートアイランド現象の緩和
- 省エネルギー効果
- 建築物の劣化防止、耐久性アップ
- 雨水流出の暖和効果
- 空気浄化
- 防火防熱効果
- 二酸化炭素削減効果
- 微気候の改善
- 水質浄化
- ビオトープ効果
- 癒やし空間効果
- まとまった緑地は、防災拠点となる

84● 緑の効用

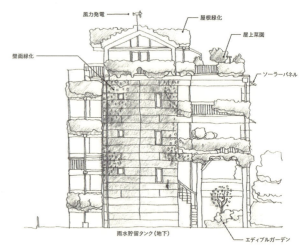

85● グリーンフェロー
低エネルギーの環境配慮型複合ビル

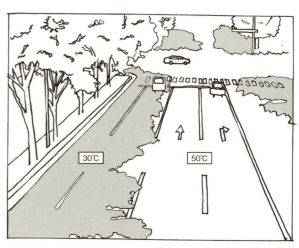

86● 道路の表面温度を下げる街路樹の効果

e 住まいと健康

住まいは第三の皮膚といわれている。1990年頃から、住まいが原因で健康が損なわれることが問題となってきた。

大気汚染や騒音、振動など住まいをとりまく環境の悪化が人間の体や心を蝕む。また、建築材料に起因する化学物質も室内空気を汚染し健康被害をもたらすことが分かった。それをシックハウス症候群と呼んでいる。

● 室内空気汚染の原因

シックハウス症候群は、主に建築の内装材に使用される新建材（化学製品）から放出される揮発性物質が起因であるが、そのほかにも家具、電化製品、防虫剤、芳香剤、柔軟剤、シロアリ駆除剤など多岐にわたる。特に建材を接着する際の接着剤に含まれるホルムアルデヒドが原因視された。2003年以降これらの使用は制限されたが、放散量が減少したにすぎない。また家具・生活用品などには規制がなく、室内空気汚染防止のため換気設備の設置が義務付けられるようになった。

だが、給排気口の取り付けの不備や、設備があっても稼働していない場合が多く、換気量不足を起こしがちである。

▲ 室内空気汚染を防ぐ

室内の空気汚染を防ぐには、まず、汚染の原因となる物質の室内持ち込みを防がなければならない。畳や木材などの自然素材であっても防虫加工が施されている場合があるので要注意である。ガスを熱源とする開放型ストーブは燃焼ガスが発生するので、使用は控えたい。さらに、結露を防ぎカビを発生させないようにしたい。そのためにも換気を行い、意識的に室内空気を入れ換えるようにする。

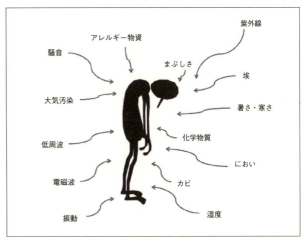

87 ● 人が周囲環境から受けるストレス

88 ● 身近にある空気汚染物質

●換気に心掛ける
　・換気システムがある場合は常時運転する
　・フィルターやファンの掃除に気を付ける
　・自然換気口を取り付ける
　・換気システムがない場合には、こまめに窓を開ける
　・換気システム、換気口、窓を利用して留守や就寝時にも換気する
●汚染源を持ち込まない
　・刺激臭のある家具を持ち込まない
　・芳香剤や殺虫剤など汚染源となる生活用品の過度の使用を避ける
　・開放型ストーブをできる限り使用しない
　・喫煙を控えるか、喫煙場所を限定して排気設備を設ける
　・開放型ストーブやタバコからも汚染物質が発生する

89 ● 室内環境汚染を改善する方法

改正建築基準法に基づくシックハウス対策

1.	クロルピリホスを添加した建材の使用禁止
2.	ホルムアルデヒドを発散する建材の使用面積制限
3.	換気設備設置の義務付け
4.	天井裏等の制限：天地材は低ホルムアルデヒド、もしくは天井裏に換気設備を付ける

90 ● 2003年　シックハウス法の施行

f 安心して住む

木造建築が多い日本では、地震や火災への対策が安心して住むための重要課題である。阪神・淡路大震災（1995年1月17日）、東日本大震災（2011年3月11日）、2016年4月には熊本地震を経験し、多くの人命が失われた。安全を守るにはどうすればよいのだろうか。

91●阪神・淡路大震災後の倒壊した家屋

● 防災と地域づくり

阪神・淡路大震災後、建築基準法の耐震基準が改正され、新築時の耐震は強化された。既存の建物に対しても耐震診断や改修促進法が制定され、自治体もそれらの施策に補助金支給を始めた。古い木造住宅は構造上の問題として、開放的間取りや、重い屋根荷重に対する耐力壁の不足などがあげられる。

各地に見られる細い路地を挟んで密集する木造住宅地は火災に対して無防備に近く、そこに住む住民としての対応策は限られている。2016年12月の糸魚川市の大火は密集街区火災の典型である。

防災という観点では、地震、火災、洪水、土石流などの自然災害に強い地域づくりが必要である。そのためには道路の拡幅、安全な避難場所としての公園や広場・緑地・避難路の確保・貯水槽の整備・非常食や水の備蓄・避難所・救援システムなどハード、ソフトの両面の準備が大切であり、地域コミュニティの連携は欠かせない。これからは防災視点からのまちづくりの重要さをもっと認識しなければならない。

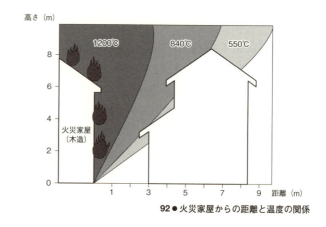

92●火災家屋からの距離と温度の関係

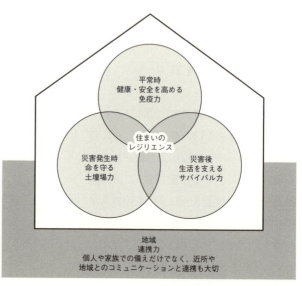

93●災害に強い住まいの3要素

生活行為と生活空間 2

動物の巣づくりと同じく、人間の場合でも住居の起源はシェルターの機能を優先させてきた。しかし、長い歴史の過程で、私たちの生活は高度化し、それに伴い住居の機能も複雑になってきた。特に、現代の物質文明の時代にあっては、私たちの生活を「モノ」なしに営むことは不可能となった。増大し続けてきたモノの種類や数の存在が住生活を圧迫するようにさえなった。このことから、住居を考えるとき、人とモノとの関係を整理することが重要とされ、これに基づいた住居計画が行われてきている。

　人は常にモノを使って目的の行為を行っている。住まいの中で、人とモノが、占有の領域を持ちながら一つの目的のために組み合わされるとき、人-モノ空間を一つの概念とする空間の単位がつくられる。さらにそれらの単位がいくつか組み合わされて室空間が構成される。例えばトイレのように、単純な目的を持った単位空間が一つの室空間となるが、多様な目的を同時に持つような場合は、単位空間がいくつも重なり合って室空間を構成する。しかし、このように単位空間をもととした住居構成の方法は、生活行為を室空間に限定してしまい、柔軟な住まい方や暮らし方に関する観点を失いがちである。

　そこでこの章では、生活行為を生理的、心理的に理解することから始めて従来の室空間中心の枠組みを取り払い、私たちの生活意識、生活文化、家族問題にまで発展させて、生活行為の意味を探ることを試みた。さらに、これらがどのように住まいの中で考

住居の基本要素				本章の構成							
生活行為		備品、設備	主空間	空間配置の視点	A	B	C	D	E	F	G	H
家族共同行為	もてなす	テーブル 椅子・ソファ テレビ 収納 ペット用ケージ	客間	玄関近く	食べる・つくる				ふれあう・くつろぐ			
	くつろぐ		居間 茶の間	日当たりが良い 眺望が良い 家族が集まりやすい								
	会話する											
	テレビを見る											
	ペットを飼う											
	食べる		食事室	居間、台所との連絡								
家事行為	調理する 片付ける	冷蔵庫、収納棚 調理台、コンロ シンク、食洗機	台所	西日を避ける 居間、食事室との連絡 ごみの処理がしやすい						子供を育てる	高齢者が住む安らぎ	暮らしを管理する
	掃除をする	掃除機、掃除用具	収納庫	用具の出し入れがしやすい								
	家計簿をつける	テーブル、パソコン	家事室 家事コーナー	居間・食事室・台所との連絡								
	収納する	収納										
	裁縫をする	ミシン、裁縫箱										
	洗濯物をたたむ	たたむ台										
	アイロンをかける	アイロン、台										
	洗濯	洗濯(乾燥)機	家事室、脱衣室	干し場との連絡								
	洗濯物を干す	物干し用具	ベランダ、庭	日当たり、風通しが良い								
個人行為	寝る	ベッド、寝具	寝室 書斎 個室 子供室	部屋の独立性が保てる			着る	眠る				
	着替える	収納										
	読書する	机、椅子、本棚										
	勉強する	パソコン										
	音楽を聴く	オーディオ機器、ラジオ										
	電話で会話する	電話機、通信機器										
生理衛生行為	排泄する	便器、手洗い器	トイレ	音やにおいが他に影響しない 各室とは直接あるいは廊下で連絡 特に、寝室との連絡が良い 給排水設備をまとめる				排泄・入浴				
	体や髪を洗う	浴槽、シャワー	浴室									
	衣類を着脱する	洗面台、鏡 収納	洗面脱衣室									
	顔や手を洗う											
	歯を磨く											
	化粧する											
移動行為	履物を着脱する	収納	玄関	道路との関連								
	上り下りする	手すり	階段、エレベーター	廊下・階段と各室とのドアの位置および開閉方向との関係								
	歩く		廊下									

生活行為を、その目的や共有性などから5つの行為に分類し、それぞれの行為に必要な
備品・設備と対応する空間を列挙した。さらに、それら空間を配置するために必要な視点をまとめた。
本章の各項目では、基本的で重要な生活行為と、より細やかな配慮が必要な年齢層の子供や
高齢者に焦点を当て、多角的に探ることから住まいの考察と提案を行った。
表中「本章の構成」では、各項目が対象とする生活行為の範囲を示した。

生活行為の分類と生活空間

えられるべきなのか提案を行った。

　住まいには様々な生活行為が存在する。家族が多い場合や、年齢構成や行動様式が複雑な場合は、生活行為はより重なり合い、互いに矛盾することも多くなる。それらをばらばらの状態で散在させておけば、空間的にも時間的にも収拾のつかない混乱を招くこととなる。家族の誰もが気持ち良く暮らすためには、そこにある一定の秩序が必要となる。各人が勝手に、好きな場所で好きなことをしているようでは、互いに生活を乱し合い、住まいはその役目を果たすことができない。そこで本来的には散在している生活行為の似たもの同士を寄せ集め、一つのグループとしてまとめ、その性格や内容にふさわしい空間を設けることが必要となる。そしてそれらの集合は一つの特色ある生活圏をつくることとなる。このように生活圏をつくることをゾーニングといい、住空間の構成において基本となるものである。

　さらに、住空間の構成には家族の動線を把握することも欠かせない。生活圏内あるいは生活圏間の移動がスムーズに行われる必要がある。例えば、連続する家事を効率良く行うには家事動線が長過ぎず、他の動線で遮られないことが望ましい。ゾーニングと動線が整理された住まいでは、より快適な暮らしが可能となる。

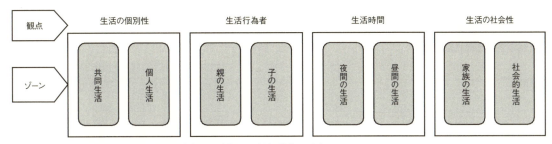

これらが明確に区分され、個別に存在するほど私たちの生活は単純ではなく、
いくつかのゾーニングを重ねながら住居は計画される

観点別ゾーニングの方法

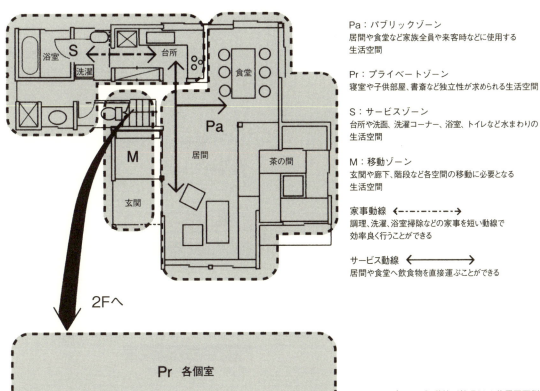

Pa：パブリックゾーン
居間や食堂など家族全員や来客時などに使用する
生活空間

Pr：プライベートゾーン
寝室や子供部屋、書斎など独立性が求められる生活空間

S：サービスゾーン
台所や洗面、洗濯コーナー、浴室、トイレなど水まわりの
生活空間

M：移動ゾーン
玄関や廊下、階段など各空間の移動に必要となる
生活空間

家事動線　◄－・－・－►
調理、洗濯、浴室掃除などの家事を短い動線で
効率良く行うことができる

サービス動線　◄────►
居間や食堂へ飲食物を直接運ぶことができる

ゾーニングと動線が整理された住居平面例

A 眠る

人間は一生のおよそ3分の1を睡眠時間にあてている。安らかな睡眠は健康のもとであり、明日の活動にとって不可欠なことは言うまでもない。人間生活の中で最も無防備な状態になる睡眠時には、特に安全な「場」が求められ、太古の人々は安全な「ねぐら」を求めて岩かげや洞穴に身を隠して眠り、次第にそれぞれの地域の状況に合わせた住まいとして発展させていった。「眠る場所」は住まいの原点である。

日本人は、竪穴住居の土間での生活を経て、日本の気候風土のなかから木造住宅を生み、履物を脱いで、床や畳の上で暮らす起居様式をつくり上げてきた。畳での生活は、その上に直接布団を敷けば寝室となり、布団を上げれば客間・居間となり、また卓袱台を出せば食事の空間ともなる融通性に富んだ暮らし方であった。この生活様式は長い間、日本人にとって普通の生活であった。明治期になると上流階級を中心に住まいの洋風化が始まり、大正期には住宅改善運動の動きのなかで「食寝分離」の考え方が進んだ。しかしこの考え方が一般庶民にまで影響を及ぼすのは、第2次世界大戦後になってからである。寝室の独立性が求められ、ベッドの使用も若者から高齢者へと広がった。一方、環境の悪化が安眠を妨げる問題も、都市を中心に増大している。

ここでは、住まいにおける睡眠環境の整え方を中心に考えていく。

1 睡眠の生理

a 睡眠のサイクル

人間の睡眠は24時間を周期とするリズムのなかに存在する。また、地上の明と暗のなかでは、暗の部分での休息睡眠を自然な習性としている。人は睡眠時、意識喪失の状態が一様に続いているのではなく、A1が示すように、深い眠りや浅い眠りなど深さの異なる睡眠状態を繰り返している。さらに人には、眠っている状態で、まぶたを閉じたまま眼球だけが動く現象が見られる。これは急速眼球運動 (Rapid Eye Movement) と呼ばれ、このような睡眠状態を英語の頭文字をとってレム (REM) 睡眠という。これ以外の睡眠期には、急速眼球運動が見られないことからノンレム (non-REM) 睡眠という。一般には、レム睡眠は「身体の休息」、ノンレム睡眠は「脳の休息」のための眠り、と考えられている。私たちはこの二つの状態を交互に繰り返し、一定の周期性のある眠りをとっているため、この睡眠周期を乱されると、心身の状態に影響を受ける。

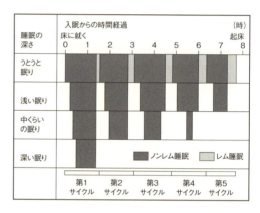

A1 ● ひと晩の睡眠のサイクル

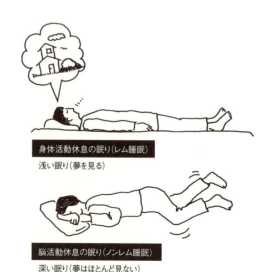

A2 ● 睡眠の型

生理現象	ノンレム睡眠（脳の休息）	レム睡眠（身体の休息）
眼球運動	ゆっくり	速い
呼　吸	規則的（遅い）	乱れる（速くなることが多い）
心拍数	規則的（遅い）	乱れる（速くなることが多い）
血　圧	低下	乱れる
胃	働きが鈍い（胃酸の分泌量は減少）	胃酸の分泌量が増加
腎　臓	尿量は減少	尿量は著しく減少
発　汗	あり	なし
筋肉緊張度	低下	ノンレム時よりさらに低下
体　温	足指の温度は上昇し、直腸温度は低下する	
ホルモン	成長ホルモンが多く分泌する	

A3 ● 睡眠中の生理

b 年齢と睡眠の型

人間の睡眠は、年齢によってその構造が異なる。レム睡眠とノンレム睡眠の割合の加齢による変化は、A4のようになる。1日の総睡眠時間中、レム睡眠の占める割合は、新生児では50％（約8時間）、生後3～5カ月で40％、19～30歳では22％（約1.7時間）となり、50～70歳では15％（約0.9時間）まで減少する。ノンレム睡眠の変化はレム睡眠の変化に比べて小さい。

また、人の睡眠のリズムも加齢と共に変化する。A5に見るように、新生児は1日のうち何回も眠る「多相性睡眠型」であるが、成長に伴い夜1回だけ眠る「単相性睡眠型」に移行する。しかし高齢になると再び「多相性睡眠型」になり、個人差はあるが、寝つきが悪い、夜中に何度も目が覚める、朝早く目が覚めるという三つの特徴が出てくる。

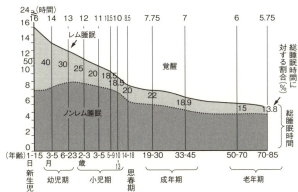

A4 ● 総睡眠時間、レム睡眠、ノンレム睡眠の加齢による変化

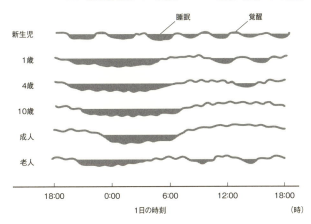

A5 ● 睡眠・覚醒のリズムと加齢に伴う変化

c 日本人の睡眠時間

5年に1度行われているNHKの「国民生活時間調査」によると、国民全体の平均睡眠時間（平日）は、一貫して減少傾向にあったが、2015年の調査では下げ止まりを見せている。また、国別の睡眠時間比較データによると日本人の睡眠時間は最も短い。

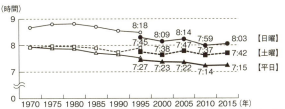

注）生活時間調査は1995年に調査方式を変更した。1970～95年（小さな記号・白抜き）は旧方式、1995～2015年（大きな記号・黒）は現行の方式による。1970年からの長期的な変化の方向をみるために、両方式の結果を併記したが、数値そのものを直接比較することはできない。

A6 ● 平均睡眠時間（3曜日、国民全体）

2 今日の睡眠環境

a 社会的な環境条件

●生活時間の変化

現在の私たちをとりまく以下のような生活環境や生活条件が、特に都会の人々の十分な睡眠を妨げている。

- 通勤、通学時間の延長
- 残業、子供の塾通いなど夜間活動の時間の増加（不規則な生活の増大）
- 家庭内での家族間の生活時間のずれ
- 娯楽施設やコンビニなど深夜営業による夜間就業の増加
- 深夜に及ぶ騒音、振動、その他

▲騒音の影響

睡眠中は騒音の影響を最も受けやすく、騒音レベルが40dB（A）以上になると睡眠に影響を及ぼす。主観的にはよく眠ったように思っても、脳波の状態から判断すると睡眠深度は浅くなっている。したがって良い睡眠をとるためには、連続した静かな環境が必要とされる。都会においては騒音の種類も多様化し、睡眠への騒音の影響は複雑なものとなっている。

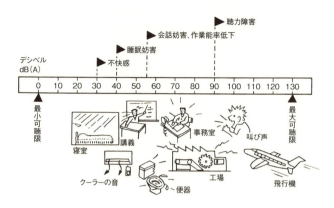

A7 ● 騒音のレベルとその影響

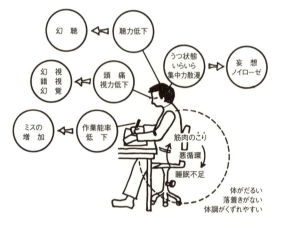

A8 ● 睡眠不足の状態

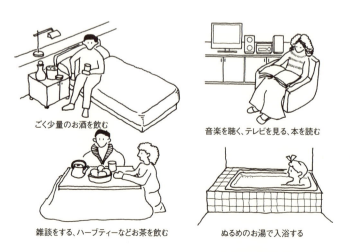

A9 ● 就寝前のストレスほぐし

b 睡眠不足の心身への影響

睡眠は疲れた脳を回復させる唯一の方法である。しかし、私たちが日常の生活の中で受ける、多くの身体的、心理的なストレスが安眠を妨げる原因になっている。睡眠不足は心身の不調をもたらし高じれば機能障害を引き起こし、様々な悪影響が現れる。一方、十分な睡眠がとれている場合には、仕事の能率が上がり、学習意欲が高まり、その日1日を快適に過ごすことができる。

世界の子供と比べて日本の子供の睡眠時間は短い。睡眠習慣と成績の関係を調べた調査（1998年）では、睡眠時間の少ない子供の学習評価は低いと報告している。

c 寝室の環境条件

眠るという行為は、非常にプライベートなもので、たとえ家族同士であっても、就寝中は見られたくないという意識がある。また家族から離れて自分一人の部屋で、ゆっくり過ごしたり、眠ったりしたいという欲求があり、そのためには独立性の高い就寝空間が求められる。

● 睡眠の効果
・十分な睡眠の後は健康感に満たされる
・筋肉がほぐれ、疲労が回復する
・食欲が増す
・困難な問題に立ち向かう気力が出る
・心を平静に保つことができる
・目が輝き、生き生きとする
・肌がすべすべとなめらかになる
・髪がしっとりとつややかになる

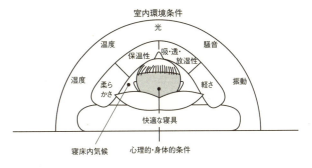

A10 ● 快眠の条件

室内仕上げ	・**色彩計画**：基調色は、温かみのある、落ち着いた色が望ましい。照明との関係が深いので、併せて考える。	
	・**材質**：木質など温かみのある素材を選ぶ。	
防災・防犯	・**開口部**：雨戸、シャッターなどが必要であるが、閉めた状態でも通風が得られるものが望ましい。	
明るさ	・**採光**：窓は法律で決められた採光面積を最低限確保する。窓の位置は、室内の家具配置、通風、プライバシー等を考慮して決める。遮光カーテンやブラインドで調光することもできる。	
	・**照明**：全体照明は、10～30ルクス（lx）とし、まぶしさを感じさせない照明とする。また、寝ているとき、光源が直接目に入らないようにし、局所照明を有効に用いる。50 lx以上の明るさになると睡眠深度が浅くなり、真っ暗な状態でも深い眠りは得られない。夜中に起きたとき、足元灯・常夜灯があると安全である。	
静ひつ性	・**音・振動**：室内許容騒音レベルは40dB（A）である。壁・天井・床の遮音性を高める必要がある。衝撃音・摩擦音対策を行い、振動による2次的な騒音の発生を防ぐ。浴室・トイレの給排水音を考慮する。二重サッシ・複層ガラスなどでサッシの気密化を図り、外部からの騒音を防ぐ。厚地のカーテンも有効である。設備機器は低騒音のものを選ぶ。騒音が気になる場合はBGMによる音のマスキングも有効である。	
空気	・**温度**：就寝時15～22℃、読書・勉強時23～25℃（湿度40～60％のとき）が快適とされる。	
	・**気流**：就寝時（冬：0.1～0.15m/sec、夏：0.2～0.5m/sec）、冷房時（0.1m/sec以下）がよい。空調機の吹出し口からの風が直接人体に当たらないようにする。	

A11 ● 快適な寝室の条件

d 寝具の条件

● 寝床内気候と寝具

人体と寝具との間の環境を、寝床内気候という。これは、これまでの研究から、温度32〜34℃、湿度45〜55%が適当とされている。

この条件を得るための寝具の役目として、睡眠中低下する代謝量、体温調節機能を維持するために、寝床内の暖かさを保つ必要がある。また、暑くなり過ぎると自然に発汗が起こり、ひと晩でコップ1杯分の汗をかく。そのため寝床内の湿度が高くならないように、寝具には吸湿・透湿・放湿性が必要とされる。もうひとつ重要な点は、睡眠中（レム睡眠前後）の寝返りをしやすくし、適正な寝姿勢を保つために、敷き布団・マットレスは適度の硬さが必要で、掛け布団は軽く、体の動きに沿ってフィットするものが良いとされる。

▲ 弾力性と寝心地

柔らか過ぎるマットレスは、
・体が全体として中央に向かって押し曲げられ息苦しく、マットレスに沈むため発汗が抑えられて寝苦しい
・体の支持が不安定なため、無意識に筋肉が働き、体の疲れがとれにくい

などの問題がある。
寝返りは、同じ姿勢を続けていることからくる血行不良を防ぎ、筋肉疲労を防ぐために起こる現象だが、マットレスは柔らか過ぎても、硬過ぎても、寝返りがしにくい。

■ 枕の役割

枕は、睡眠中、頭を支持する重要な役割を持つ。枕がないと頭に血流が滞り、それが脳を刺激して安眠できない。

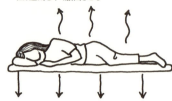

夏の寝具
熱、湿気を早く放出させる

冬の寝具
熱の放出を防ぐ

A12 ● 寝具の条件

発汗による湿気は寝床内湿度を上昇させ、寝返りや体動が多くなり、眠りは不安定となる

掛布団：体に密着しないものが良い
シーツ：透過性の良い、粗め、薄手のものが良い
敷布団：薄めで熱のこもらないものが良い

寝床内温度が下がると、体表からの放熱を防ぐため、体を縮めて寝るようになり、安眠できない。また、手足が冷たいと寝付きが悪くなる

掛布団：軽く肌触りが良く、放湿性に富み、保温性のあるものが良い
シーツ：柔らかく肌になじみ、暖かなものが良い
敷布団：保温性を良くするため、厚いものを用いたり、重ね敷きしたりする

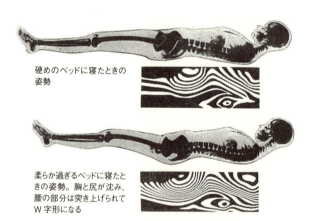

硬めのベッドに寝たときの姿勢

柔らか過ぎるベッドに寝たときの姿勢。胸と尻が沈み、腰の部分は突き上げられてW字形になる

A13 ● 寝姿勢のX線写真と背面の等高線写真

枕：
材質や硬さは習慣や好みによって差が大きいが、放熱性、通気性、吸湿性に富むものが良い。
弾力性が強いと、体を動かすたびに振動が続いて寝にくい

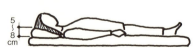

5〜8cm

製品の見かけの高さではなく、睡眠時に沈んで落ち着く最終の実効の高さ。高過ぎる枕は肩や首にかかる負担が大きい

50〜60cm

寝返りをうっても頭が落ちない大きさが必要

A14 ● 枕の条件

3 就寝様式

a 色々な就寝様式

世界各国の就寝様式や就寝空間は、気候風土の条件や生活意識の変化に影響される。

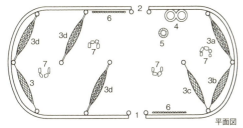

1 正面入口　2 裏口　3 ハンモック（a 酋長夫婦　b 酋長夫人　c 酋長子供　d 上下）　4 マンジョーカサイロ　5 木臼　6 弓矢・棍棒かけ　7 クド（飯山達雄作図）

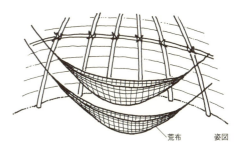

熱帯地方の民族で使われるハンモック。大きな空間に複数つくられる

A15● ハンモック

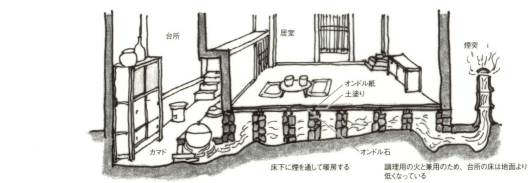

床下に煙を通して暖房する　調理用の火と兼用のため、台所の床は地面より低くなっている

A16● オンドルの構造

A17● 韓国のオンドル床に敷く布団　**A18● 炕(かん)（中国寒地のオンドルベッド）**

A19● 天蓋ベッド
支配階級の人々の地位や権威を象徴するものであった

A20● キャビネットベッド
使わないときは壁のくぼみに納めて扉を閉める。部屋が広く使える

A21● ヨーロッパの寒い地方のベッド
箱のようなものをつくり、その中で寝る。カーテンを閉めると小部屋のようになる

b 日本の寝具の変遷

原始時代	古墳時代	古代
地面の冷たさや湿気から逃れ、寝る場所には、木の枝、枯葉、藁などを敷いた	階級社会が成立すると、力のある者は、寝台を用いた。庶民は、菰、筵を敷いて寝起きの場所をつくり、土間部分と区別した	貴族住宅では高床となり、板敷となった。筵や畳等の敷物が必需品となり、座具としてまた寝具として用いられた。一般庶民のほとんどは、菰(薦)、筵あるいは、藁にくるまって寝るのがせいぜいであった

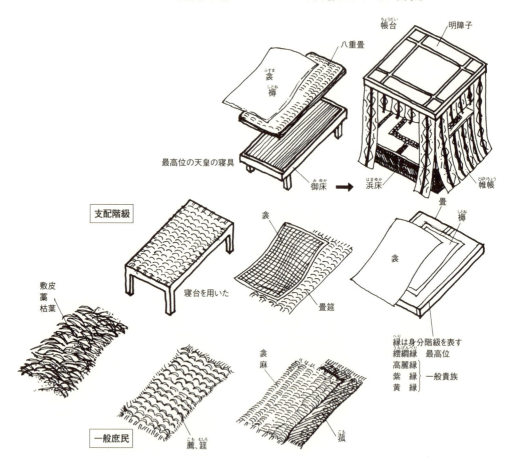

はじめは、敷物と寝具は未分化であった

菰、まこも
菅、茅、藁と並んで、筵の材料の一つ。次第に敷物の意味に使われるようになった

筵
現在では、藁や、藺で編んだものを指すが、当時は薄い敷物一般をいう。竹筵、菅筵などがあり、宮中や貴族住宅で使う筵はたいてい裏が付き、布の縁が付いていた

畳
菰・筵を何枚も重ねて綴じ付け厚くしたもの

ふすま
衾、被、襖などの漢字をあてる。上に掛ける布のことをいい、材料により絹ぶすま、麻ぶすま等がある

褥
下に敷くもの。うわむしろとも呼ばれ、絹、袴(藤・麻などの繊維で織った布)、毛皮などが用いられた

中　世	近　世	近代～現代
武家の住居では、床に畳が敷き詰められ、建具によって空間が分割されるようになり、布団が用いられるようになった。農民は依然として土間に藁や筵を敷いて寝た。上には昼間着ていた物を脱いで掛けて寝た	木綿の普及は寝具に大変革をもたらした。中綿や外側の布地も木綿でつくられ、庶民も暖かい寝具を手にすることができるようになった	敷布団と掛布団の組合せが一般的になり、シーツ、布団カバーを用いるようになった。軽く、暖かく快適な寝具の研究が進んで、様々な材質、羊毛や羽毛も使われるようになった。また、住宅の洋風化によりベッドの使用も増加した

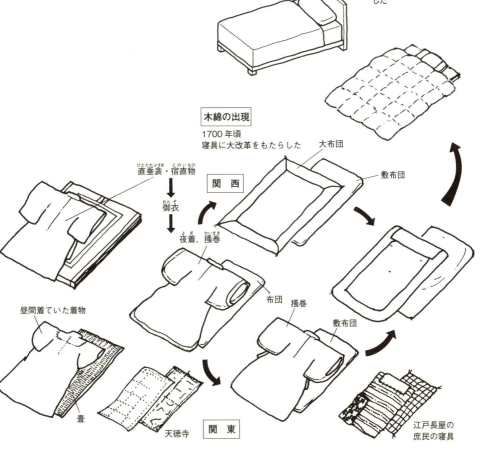

直垂衾、宿直物
襟、袖の付いた着物型の掛布団。真綿を入れた薄いもの

夜着、掻巻
直垂衾、宿直物、御衣と名前が変わり、木綿綿を入れた暖かいものになった

天徳寺
貧しい階級では、夏に使った紙の蚊帳を布団にした。天徳寺の前で売っていたことからこの名前がついた

布団
敷く物のことを、布団というようになった

襖
寝具のふすまと建具のふすまが混同されるようになり、ふすまは建具の襖を指すようになる

布団
関西では敷くものも掛けるものも同形になったため、上掛けを大布団、敷くほうを敷布団といった

A22 ● 日本の寝具の変遷

C 起居様式

　起居様式とは、住まいの中での生活の仕方で、床や畳に座る生活を床座、椅子に腰掛ける生活を椅子座という。

　日本人は、家の中では履き物を脱ぎ、床や畳の上で座る生活をしてきた。畳にじかに布団を敷いて寝ることに、情緒的な安定を感じていた。また、日本の開放的な構造の住まいや畳の感触から、日本人であることの実感を得ることも多かった。

　しかし、今日の生活全般にわたる洋風化の傾向は、住宅においても例外ではなく、新築住宅では和室の数が少なくなっていて、和室は1部屋のみという住まいが多く、和室のない場合も少なくない。したがって、寝室も洋間となり、ベッドの生活が一般化してきた。従来の日本家屋でもベッドの使用が増えているが、広さが十分でない部屋にベッドを置くと、部屋の使い勝手を悪くすることもある。

　畳の生活は転用性、融通性に富み、時と場合に応じて様々な生活をこなすことができる。起床と共に布団を片付ければ、今まで就寝していた部屋は昼間の活動の部屋となり生活の場面がはっきりと変わる。しかし、多人数で同一の部屋を使う場合には、互いの生活行為や生活時間のずれから混乱を生じることが多い。

A23 ● 布団とベッドの比較

d 家族と就寝形態の変遷
（集中寝から分離寝へ）

　日本には、住まいの規模や都市、農村の別にかかわらず、家族が1室に集まって寝る「集中寝」の習慣があった。それは炉を中心にして暖をとったり、少ない寝具を共用するためだった。皆が集まって一緒に寝るという要求は、住まいや寝具が粗末であればあるほど強かったに違いない。さらに、畳の生活は布団を敷けば、どこでも何人でも寝ることができる融通性を持っていたため、就寝のための空間を特定する必要もなかった。すなわち、家族構成の変化、成長に対応して空間を流動的に使うことができた。
　第2次世界大戦後、庶民の間にも食寝分離の考え方が広がり、個人のプライバシーへの関心が高まって、集中寝から分離寝へと移行して現在に至っている。

● 避けたい就寝形態
　混寝——性別、年齢、属性などによる就寝の分離が確立されていない状態をいう。
　異性寝——夫婦以外の成年男女が、同一の寝室で就寝する、また一定の年齢に達した男女の子供が同じ寝室で就寝する状態をいう。小学校高学年くらいから思春期に入った子供はそれぞれのプライバシーが保てるように分離する必要がある。
　過密寝——一人がひと組の寝具を使用できない空間の状態や、狭い部屋に多人数が集まって寝る状態をいう。これは、室内の空気汚染にもつながる。

明治時代の農家の1例

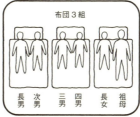
5人の子供と祖母は北側の座敷に寝た

夫婦は納戸で寝た

布団の"側"は家で織った布を使い、シーツは用いない。上着を脱いで布団の上に掛け、下着のままで寝た。寝具は貴重であった。（明治20～30年代、埼玉・児玉郡（現本庄市））

大正年間の東京下町の商店の1例

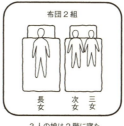
3人の娘は2階に寝た

夫婦は事務、食事、応接などを兼ねた1階の部屋で寝た

シーツを用い、寝まきは古着を仕立て直して着た。あるいは手拭いをはぎ合わせてつくったものを着た。狭小な住宅であった

戦前の東京のサラリーマン家庭の1例

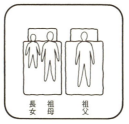
祖父母は座敷で寝た。祖父が亡くなると夫婦は座敷に移り、祖母と娘は隣室で寝た

座敷の隣りの部屋で寝た

シーツを用い、寝まきは夏のゆかたの古くなったものを使い、冬はネルのものを着た

A24 ● 就寝形態の変遷

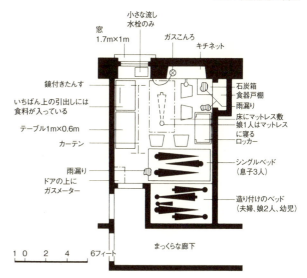

A25 ● 過密寝の例
（19世紀半ばのイギリスの労働者住宅）

e 就寝の場の変遷

● 接客型住宅

明治初期の東京の和風住宅の平均的な床面積は56〜57m²であった。A26の家の床面積は82.6m²なのでかなり広い。当時の住まいは家長や客を中心につくられており、家長は8畳の客座敷を使い、二つの4畳半が家族の部屋にあてられ、各部屋は、建具で仕切られていた。

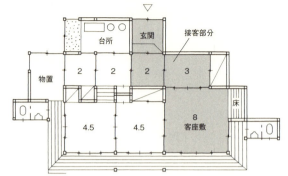

明治10年頃の東京のサラリーマンの住宅

A26 ● 接客型住宅

▲ 中廊下型住宅

大正時代には、中廊下型住宅が、多くの都市中産階級の住宅に採り入れられた。この型の住宅は、中廊下によって動線が整理され、家族の生活の場と使用人室を分離し、部屋の通り抜けを避けるようになったが、個人の生活が守られていたわけではない。家族の生活のすべてが、居間と茶の間で行われていた。

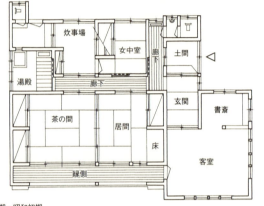

大正期〜昭和初期。
接客空間を洋風化した和洋折衷住宅

A27 ● 中廊下型住宅

■ 公私室型住宅

生活の秩序、規律、衛生条件などから、食事の場と就寝の場を、はっきりと分離すべきであるとした食寝分離の考え方は、第2次世界大戦後にようやく一般庶民にまで広がった。住まいは公的生活圏と私的生活圏で構成されるようになり、寝室の独立性がより高まった。

第2次世界大戦以後

A28 ● 公私室型住宅

◆ 個室型住宅

家族の一人ひとりがプライバシーを要求し、その生活空間を自分なりに充実させていこうとすれば、家族の人数分の個室が必要になる。夫と妻がそれぞれ別の寝室を持つ例も見られ、個室化が進むほど公室部分が家族の生活を充実させるための大事な場となった。

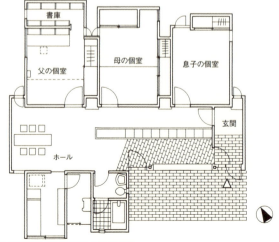

1970年代以後。個室を重視した個室群住宅

A29 ● 個室群住宅（設計：黒沢隆）

4 就寝空間の計画

a 夫婦の空間

主寝室は、夫婦の個室として住まいの中で最も私的な性格の強い空間である。その位置は、静かで独立性の高い場所に配置すると同時に、住まいの他の部分とのつながりを考慮することが大切である。

寝室を2階に設けた場合、災害時の避難路の確保も必要である。また、トイレや洗面所も近くに設置したい。

衣類や布団の収納場所は、寝室内にクローゼットを取り付けるか、衣類収納室（ウォークインクローゼット）を付随させる。収納室を造り付けにできない場合には洋服だんす、整理だんすが必要になる。そのほか寝室に置かれる家具として、ナイトテーブル、化粧台、机、椅子、本棚がある。

主寝室は、リラックスできる場であるだけでなく、仕事や趣味の場としても大切な空間である。夫婦であっても生活時間のずれを考慮し、互いの行動を妨げないように、家具の配置を工夫して、それぞれのコーナーをつくる。

また、出入り口のドアの開き勝手は開けたときにベッドが直接目に入らないようにする。

寝室には、落ち着きと安らぎのある雰囲気が欲しい。家具などは、金属やプラスチックのものより自然材の木、籐、布張りのものが適している。

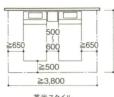

A30 ● ベッドの配置と周囲のあき寸法

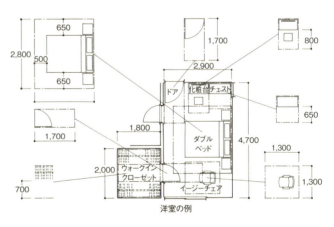

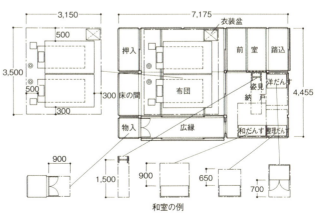

A31 ● 夫婦寝室の必要寸法

b 親と子の空間

　欧米の子供は、幼いときから両親とは別室で寝る場合が多い。しかし日本の家庭では多くの場合、家屋の狭さも関係して親子が同室で「川の字」に寝る習慣があった。これは、親子に心理的な安心感を与えるという面も持っている。

　子供専用の空間をつくることは、家族全体の生活から、子供の生活を独立させ、子供自身が管理する自分の空間を持つということである。

　遊びが主な幼少期は、家族の生活空間の中で過ごし、寝室も共にするが、徐々に一人で寝るように習慣づけて、小学校に入る頃から、勉強机や学用品を整理するための収納設備がある独立空間を用意する。この時期は大人の空間の続きに子供コーナーを設ける方法も考えられる。

c 一人の空間

　就寝空間は眠るための条件を満足させることが第一であるが、就寝に伴う身支度や休息などの生活行為が加わることを考慮しなければならない。同時に、寝室は独立した私的空間であるため、個人生活すなわち読書、学習・仕事、趣味、更衣、化粧などに必要な家具と収納設備を整えておく。

　まず、和室にするか洋室にするかを選択し、寝室での動作から、家具などの配置を検討する。和室の場合には、寝具を収納する押入れが必要であり、洋室の場合でも夏冬の寝具の収納を考えておく。大型家具であるベッドは部屋の面積に占める割合が大きいため、部屋の快適性、動作の能率性を十分考える。

A32● 就寝を中心とした子供の生活の分化

A33● 居間の子供コーナー

A34● 仕事を持つ女性の部屋
（Wさんの家（1999年）設計：大野正博）

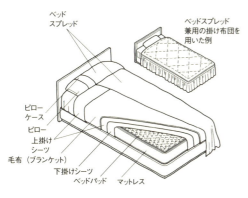

A35● 基本的なベッドメーキング

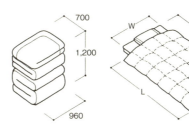

A38● 1人分の基本寝具

敷き布団		（単位：mm）
略号	略号の呼称	W×L
S	シングル	1,000×2,000
SL	シングルロング	1,000×2,100
D	ダブル	1,400×2,000
DL	ダブルロング	1,400×2,100
掛け布団		（単位：mm）
S	シングル	1,500×2,000
SL	シングルロング	1,500×2,100
D	ダブル	1,900×2,000
DL	ダブルロング	1,900×2,100

A39● 布団の寸法の規格

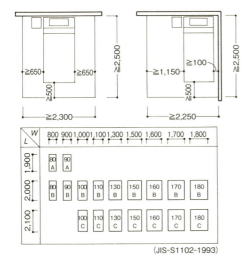

A36● ベッド周囲の空き寸法とベッドサイズの規格

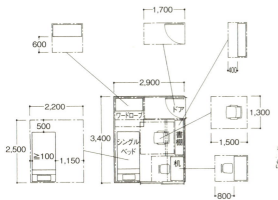

A37● 成人用個室の動作寸法

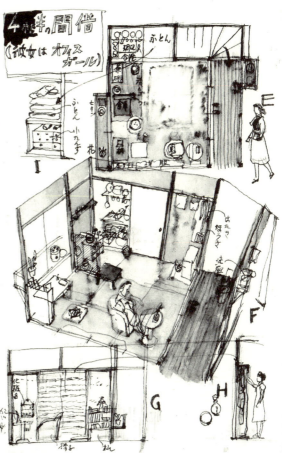

A40●「4帖半の間借 彼女はオフィスガール」
1925年、今和次郎・吉田謙吉等が行った考現学調査の記録

d 寝具の収納と管理

●押入れ

和室で布団を使用する場合、収納するための押入れは不可欠である。押入れは、布団の収納には適するものの、奥行きが深過ぎるので他の物の収納にはあまり適していない。

布団の収納についても問題がないわけではない。標準的な1間幅の押入れに、布団を2列に並べて仕舞うことは難しい。2列に収納するためには、押入れの幅は、1,900～2,000mmは必要である。同時に高さ方向も中棚を取り付けるなど、収納力を高める工夫をしたい。

外壁に接する押入れは防湿対策を考える必要がある。下段にも寝具を入れる場合には、すのこを敷くのが一般的であるが、はじめから押入れの床をすのこ張りにする方法もある。また、布団などを内壁から少し離して収納し、押入れ内の空気の流れをつくる。ガラリ付き建具は、部屋と押入れ内との温度差を少なくし、防湿に有効である。

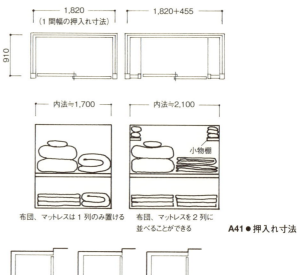

A41●押入れ寸法

A42●押入れの断面寸法

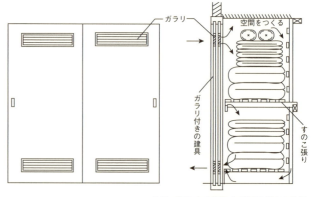

A43●押入れの通気とガラリ付きの建具

コラム●布団の中綿(なかわた)の素材

木綿綿(もめんわた)————吸湿性に優れているが、植物性であるため吸収した湿気を自ら発散することができない。日に当てて乾燥させる必要がある。弾力性はやや乏しいので、2～3年に1回は打ち直しや、たし綿をする。敷き布団に多く使われる。

絹綿・麻綿————絹綿は蚕の繭(まゆ)が原料で、保温性が高い。稀少で高価。真綿として使われる。麻綿は吸・放湿性に優れ、さらっとした感触で、夏用布団の中綿に良い。

合繊綿————主にポリエステルが使われる。保温性に優れ、湿気の影響を受けにくい。経済的であり、軽く、かさ高なので掛け布団に適している。

羊毛綿————ヨーロッパでは古くから寝具として用いられる。吸・放湿性に富み保温性も高い。長く使うとフェルト化するが、クリーニングによって回復させることができる。敷き布団に適している。

羽毛————水鳥の羽毛で、胸を中心に生えているダウンと、腹を中心に生えているスモールフェザーを使う。保温性は抜群に優れている。軽く、体になじみ、温度・湿度に合わせて羽毛が吸湿・放湿を行うので、季節を問わず快適に使用できる。掛け布団に適している。

● クローゼット

洋寝具は和式の布団と異なり、かさばらずに収納することができる。クローゼットの奥行き寸法（内法）は600mmあれば足りるので、他の衣類と合わせた衣類戸棚として造り付けにしておくと便利である。ベッド用寝具は、毎日出し入れする必要はないので、設置場所は寝室内に限定せず、寝室に近い廊下に備えれば、家族全員で使うこともできる。

▲ 乾燥

睡眠中にかく汗は、成人で一晩に約180～200ccといわれ、したがって寝具を乾燥させることは、寝具にとっても私たちの健康にとっても大切なことである。

湿った重たい布団では、快適な睡眠を得ることはできない。特に敷き布団は、布団の下に湿気がたまりやすいため、毎日布団を上げて湿気を取る必要がある。それには、寝具を日常的に日光に当てるための設備や場所を考えておく。

ベッドの場合、寝具に湿気がたまることは少ないので、日常的に日に干すことはないが、時々は日に当てたりマットレスを裏返したりして風を通す必要がある。

羊毛布団は薄いので1～2時間程度の天日干しでよく、羽毛布団は直射日光に当てず、1時間程度の陰干しとする。合繊の布団は長時間日に干すと弾力性が損なわれる。

近年、室内のダニが問題視されているが、寝具についての対策は、カバー、シーツをよく洗濯することが第一で、布団はよく日に干した後、表面に掃除機をかけるとダニ除去に効果がある。

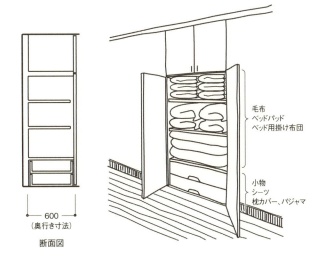

A44 ● クローゼット

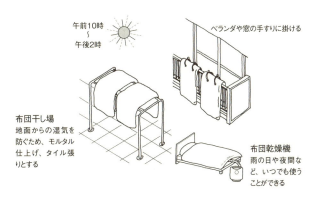

A45 ● 布団の乾燥

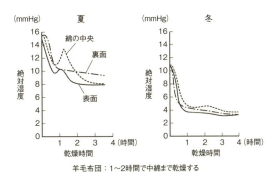

羊毛布団：1～2時間で中綿まで乾燥する

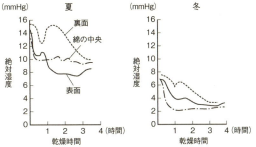

綿布団：中綿の乾燥までには3時間位必要

A46 ● 布団の乾燥グラフ

e 事 例
○プライベートスペースを2階に集める

設計：基企画設計同人
家族構成：夫婦＋子供2人
1階面積：70.33m²（21.28坪）
2階面積：66.58m²（20.14坪）
延べ床面積：136.91m²（41.42坪）
構造：木造2階建
竣工：1987年6月

大きく分けて、1階をパブリックゾーン、2階をプライベートゾーンとしている。玄関を入って東側の8畳和室は、予備室として多目的に使うことができる。台所・食堂・居間・書斎は、建具なしでひと続きになっているが、それぞれの部屋は独立性が保たれている。2階は、主寝室と二つの子供部屋で、各室に収納家具を設け、各自で整理できるようにしている。また、トイレは洗面室のコーナーに設置し、車椅子の使用を容易にした。

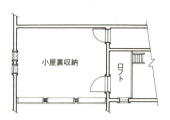

小屋裏平面図

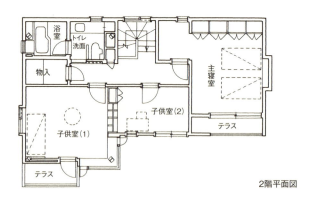

2階平面図

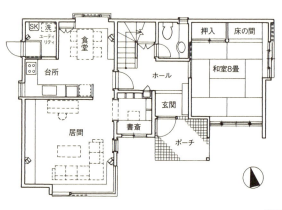

1階平面図

○都心に建つ二世帯住宅

設計：大川建築都市設計研究所
家族構成：祖母・夫婦・子供家族
敷地面積：140.62m²
建築面積：98.38m²
延べ床面積：204.06m²
構造：RC造＋木造　3階建
竣工：2010年8月

約40坪の敷地に、1階を親世帯、2・3階を子供世帯とし、中庭を通じてそれぞれの世帯が緩やかにつながるように設計されている。密集した都市の中で中庭は、太陽、雨や風などの自然を住まいに届けている。もうひとつの特徴が、親世帯の個室の取り方で、寝室1は96歳になる母親の部屋、寝室2は妻の部屋、寝室3が夫の部屋で、それぞれが独立しながら中庭を囲んで有機的につながっている。

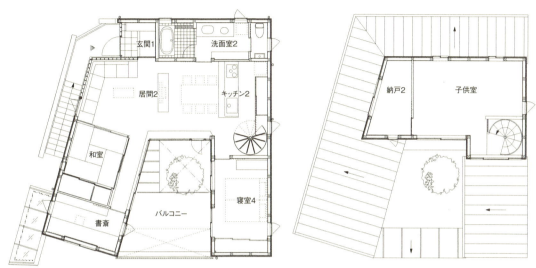

2階平面図(子供世帯)　　　3階平面図(子供世帯)

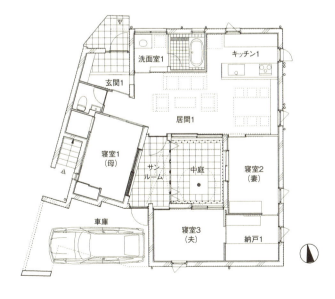

1階平面図(親世帯)

B 食べる・つくる

人は皆、食事という形で食物をとり、その栄養素によって生命の維持を図っている。食べることは人間が生きるための最も基本的な行為であると同時に、生きていくうえでの楽しみであり喜びでもある。家族をはじめ友人、知人などと共に囲む食卓はその関係を深める機会ともなる。家族は食事をつくり、共に食べる基本単位として、その習慣や、文化がはぐくまれ、次の世代に受け継がれてきた。ところが小家族化、ひとり暮らしの増加、生活時間のずれなどによる孤食化や、欠食、食事時間の不規則化、食の外部化が進んだ。こうしたことは家族の絆を弱め、健康生活、特に子供の健全な成長にとって重大な影響をもたらすことが懸念されている。こうした現実のなかで食育は、学校教育において重要なテーマになってきた。それに加えて食料自給率の低下、農産物から加工食品に至る海外依存も大きな問題である。

一方、世界中の食文化が国境を越え、どこにいても様々な国の料理を楽しむことができるようになった。それは私たちの食卓に新しい食文化を届けてくれている。また、加工食品や、半加工食品の食卓への進出は、便利さをもたらした。

このような時代にあって、ここでは食の持つ意味を考えながら、美味しい食事をつくり、食べることの喜びをはぐくむ環境づくりについて考えてみる。

1 食事について

a 食事と健康

栄養的にバランスのとれた食事は、健康な生活の基本である。1日の食事の回数や食事時間には個人差があるが、朝食、昼食、夕食の3度の食事は一般的な日本人の食習慣で、1日の生活時間のなかに組み込まれている。朝食は、1日の生活における活力の源となり、昼食、夕食がこれを補っている。また、夕食には1日の仕事を終えてのくつろぎや、人と人とを結び付ける楽しみを演出する役割もある。こうした食生活の基本が崩れた場合、私たちの健康は大きく損なわれる。

近年、20代の若者を中心に、朝食の欠食が問題になっているが、小学生にも目立つようになってきた。現代の夜型生活などによる生活時間のずれが家庭生活のリズムを乱しているといえる。さらに過食や、食の洋風化による動物性脂質の過剰摂取、運動不足などによる肥満、糖尿病、脳卒中などの生活習慣病が増加している現実がある。

食生活の健全さは、家族や家庭の健全さの一指標となるため、幼い頃からの正しい栄養知識と食習慣が望まれる。

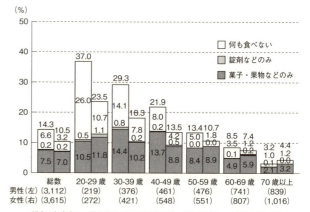

朝食の欠食率は、男女共に20代で最も高く、男性37.0%、女性23.5%であり、その後年齢とともに低くなっている

B1 ● 朝食の欠食率

生活の質（QOL）の向上	1. 食事を楽しみましょう。 2. 1日の食事のリズムから、健やかな生活リズムを。
適度な運動と食事	3. 適度な運動とバランスのよい食事で、適正体重の維持を。
バランスのとれた食事内容	4. 主食、主菜、副菜を基本に、食事のバランスを。 5. ごはんなどの穀類をしっかりと。 6. 野菜・果物、牛乳・乳製品、豆類、魚なども組み合わせて。 7. 食塩は控えめに、脂肪は質と量を考えて。
食料の安定供給や食文化への理解	8. 日本の食文化や地域の産物を生かし、郷土の味の継承を。
食料資源や環境への配慮	9. 食料資源を大切に、無駄や廃棄の少ない食生活を。 10. 「食」に関する理解を深め、食生活を見直してみましょう。

「和食：日本人の伝統的な食文化」が、ユネスコ無形文化遺産に登録（2013年）され国際的な注目が集まる

B2 ● 望ましい食生活（食生活指針：文科省・厚労省・農水省）

b 食事と楽しみ

●コミュニケーションと食事

人間には、集まって食事をする習慣がある。その基本的な単位は家族であり、食事を共にすることで家族の絆が強まり、幸せを感じる。知人や友人との食事は、互いの親密さや仲間意識を強め、さらに、仕事など社会活動の場で共にする食事は、多様な価値観を持つ人々との理解を深める役割を果たす。

共にする食事を気持ち良く進めるために食事作法があり、それぞれに、異なった国や地域の文化を反映している。

▲ハレの食事

昔から、正月などの年中行事や、結婚式などの儀礼の場、祭り、誕生日などに食べてきた普段より豪華なご馳走(ハレの食事)や伝統料理は本来、仕事の成功や、家族の健康・成長を神仏に感謝し祈念しての特別な食事であり、料理方法や盛り付け方、器などに、様々な意味が付いていた。しかし、生活の変化と共に、その意味付けは薄れ、今日では、家族の中で楽しむ行事の食事になっている。

■美味しい食事

美味しさは、食事の大切な要素である。美味しい食事は、喜びや満足感をもたらす。そのため人々は美味しさを求めて、様々な食材や調理方法、調理器具を発達させてきた。そして、日本の料理では季節感や新鮮な食材の味を生かすことを原点に美味しい食事を追求している。

また、食事空間の居心地の良さや、インテリアデザイン、テーブルのコーディネートや美しい食器、料理の盛り付け方なども、美味しさを演出する要素となる。

①食事の最初に「いただきます」、最後に「ご馳走さま」の礼をする
②肘をついて食べない
③器に口をつけてかきこむことをしない
④ご飯茶碗、汁椀は手で持ち上げて食べる
⑤盛り皿に盛られた料理は取り箸を使い自分の箸を使わない
⑥盛り皿から取り分けた料理は残さず全部食べる
⑦口の中に食べ物を入れたまま喋らない
⑧食べ物を噛む音、飲む音、食器の音をさせない
⑨食事のペースは同席の人に合わせる
⑩食事の途中で頻繁に席を立たない

B3●食事の時の作法

寄せ箸　刺し箸　ねぶり箸
渡し箸　探り箸　拾い箸　迷い箸

B4●箸使いのタブー

行事名	時期 (西暦による月日)	代表的な食べ物や習慣(現代)
正月	1月1-3日	正月餅・屠蘇・おせち、雑煮
七草	1月7日	七草粥
鏡開き	1月11日	鏡餅入りの小豆汁粉
小正月	1月15日	小豆粥・繭玉団子
節分	2月3日頃	いり豆・いわし・恵方巻
雛祭り	3月3日	白酒・菱餅・ちらしずし
春の彼岸	3月18日頃から7日間	ぼたもち・団子
花祭り	4月8日	甘茶
端午の節句	5月5日	柏餅・ちまき・菖蒲酒、こどもの日、菖蒲湯に入る
七夕	7月7日	そうめん・うどん、七夕飾り
お盆	8月13-15日	精進料理・精進揚げ、野菜飾り
中秋の名月	9月13日	月見団子・栗・里芋など
秋の彼岸	9月20日頃から7日間	おはぎ・団子
新嘗祭	11月23日	赤飯、勤労感謝の日
冬至	12月22日頃	かぼちゃ・ゆず、ゆず湯に入る
大晦日	12月31日	年越しそば

B5●古来からの習慣による年中行事と食べ物

ハレ：非日常的
ケ：日常的

「ハレ」の日に人々が集まって食事をする慣習は今日では少なくなった
B6●和室続き間での「ハレ」の日の食事

2 今日の食生活

a 食生活の変化

● 食事の外部化・調理の簡略化

近年、家庭内での調理は減少傾向にある。外食や宅配を利用する「食」の外部化、既製惣菜や持ち帰り弁当の利用、冷凍や半加工食品に少し手を加える程度で食卓を整えるといった調理の簡略化が進んでいる。忙しく調理時間を十分持てない人々や、調理が負担に感じられる高齢者家族には便利である。しかしこうした食生活の変化のなかで、私たちは正しい食を選択できる知識が必要となる。

▲ 食の画一化と安全性

情報や流通システムの発達は、全国どこでも同じような食事を可能とした反面、地域の特色は薄くなり、各地に伝えられてきた固有の食文化が失われつつある。また栽培技術の発達により、年間を通じて多種類の野菜や果物が供給されるようになったが、食の季節感は失われている。さらに農薬や化学肥料、食品添加物の安全性、産地偽装事件など、食への不安感もあり、安全な食品を求める消費者意識は高まった。消費者と生産者が直接結び付いた産直運動や、自然食品や無農薬野菜を扱う店舗も増えてきた。さらに消費者は、賞味期限や消費期限などの食品表示にも敏感になっている。

■ 低い食料自給率

日本の食料自給率は、先進国中でも最低の、カロリーベースで38%である。しかし食料を輸入に依存し続けることは、今後も可能とは限らない。食料の安定的な確保のためには食料自給率の向上が重要である。

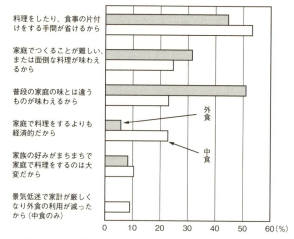

B7 ● 中食・外食の利用頻度が増えた理由

注)「中食」とは、惣菜や持ち帰りの弁当などそのまま食べられる状態に調理されたものを家などに持ち帰って利用すること

B8 ● 今日の食生活の傾向

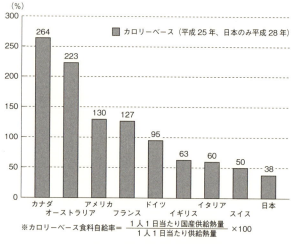

※カロリーベース食料自給率 = $\frac{1人1日当たり国産供給熱量}{1人1日当たり供給熱量} \times 100$

B9 ● わが国と諸外国の食料自給率(カロリーベース)

b 家族と食事

● 子供と食事

朝食を食べない子供、夕食を一人で食べる（孤食）子供が問題になって久しい。授業中に集中力がない、すぐにキレる、だるい、元気が出ないと体の不調を訴える子供も増えている。朝食は脳の活動を活発にし、体を中から温め、やる気を引き出す。さらに家族と一緒の会話のある食事は、子供の心を癒やすと同時に、偏食を少なくし、子供にその家庭の文化を伝えていく大切な役割を担っている。

また、幼児期から食事づくりに参加することは、食事に関心を持ち、つくる喜びや、自分でつくった食事の美味しさを体験することとなり、食事を大切に思う気持ちがはぐくまれる。親と一緒に調理するなかで正しい食を選択できる判断力を身に付けることもできる。

▲ 高齢者と食事

高齢社会では、ひとり暮らしの高齢者や、高齢者だけの世帯が増加傾向にある。そして調理の負担から、簡略化や加工食品の利用が増え、偏った食事による低栄養が心配されている。そうしたことを背景に、健康的な食生活の維持のために、自治体の支援による宅配弁当や、地域住民主体の給食サービス活動も行われるようになった。また、空き店舗や空き家などを利用した食堂は、高齢者が孤立せず、外出する機会をつくる有効な手段となっている。外出しない、できない高齢者にとっては、配食サービスや食事の手伝いでの来訪者との会話は喜びであり楽しみである。食事空間を、介護者などとの交流の場として機能するよう計画することが望まれる。

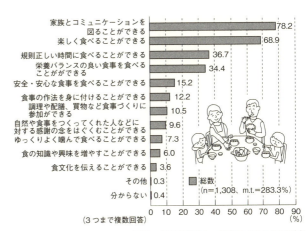

B10 ● 食事を家族と一緒に食べることの利点

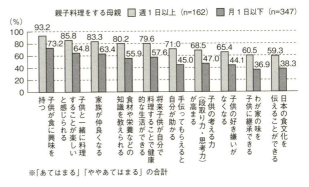

B11 ● 親子料理で実感する良い影響や効果

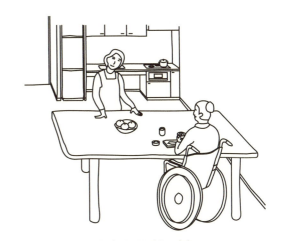

食事の手伝いの来訪者と会話しながら楽しい食事

B12 ● 高齢者の食事の場

- 体重減少（やせ）
- 筋肉量・筋力低下
- 体脂肪低下
- 風邪をひきやすい
- 風邪から肺炎になりやすい
- 病気の回復が遅れる
- 死亡率が高まる
- 感染を起こしやすい
- 気力の低下
- 日常生活活動度の低下
- 運動機能の低下
- 生活自立度の低下
- 要介護度の上昇

B13 ● 高齢者の低栄養による影響

3 食事の文化と変遷

a 食事の文化

人間は、はじめ自然界にある動植物を採集し、食料として利用しながら生存してきた。洗う、切る、砕くに続いて火の発見は食材の範囲を広げ、また貯蔵や栽培の技術を獲得することによって、それぞれの地域に適した食品と調理法を編み出してきた。さらに食事の整え方、調理の場所、調理器具、食器、食事の場や食事のとり方に至るまで、特徴ある食文化として、各地域で受け継がれてきた。

B14● 原始時代の食生活
・雑食性、火食性ゆえに生存できた

● 日本の食事の変遷

日本列島は東アジアのモンスーン地域に属し、早くから稲作栽培技術が発達し、米飯を主食とし、魚介類や野菜を副食とする食習慣が定着した。そして副食を野菜中心とした「和食」の形態が出来上がったのは江戸時代だといわれる。

古代に始まった四足獣の肉食の忌避は明治時代まで続いたが、西欧文化の影響と、栄養学の発達もあり、上流階級を中心にパンや果物、肉や牛乳などを食するようになった。その後、庶民の生活にも簡単な洋食が徐々に浸透していった。一方、農村の生活は依然として貧しく、衛生状態も悪く、大正時代に入ると食生活の改善が奨励されたが、大きな変化が見られるようになるのは第2次世界大戦後のことである。今日では多くの家庭で、和・洋・中華などと意識することなく、日常的に自然な形で、多くの国の料理が共に食卓にのぼるようになっている。

地域	主食物
肉食文化：北極圏（北極寒冷地帯）	獣肉、魚肉
粉食文化：インド亜大陸、中東、ヨーロッパ	小麦、ミルク
粒食文化：日本、台湾、東アジアの山地	アワ、米、キビ、タロイモ、サツマイモ、豆
芋飯文化：南アジアの島（熱帯雨林地帯中心）	陸稲、タロイモ、バナナ
粉粥餅文化：サハラ以南アフリカ	乳製品、雑穀、豆類、バナナ
キャッサバ文化：南米アマゾン源流部	キャッサバ、バナナ、トウモロコシ

B15● 世界の六大食文化類型

床上にまな板を置いてしゃがんで調理した

B16● 座式台所
（明治時代の都市の台所）

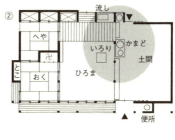

▲ 食事の場、調理の場の変遷

古代の貴族の住まいでは、においや煙を避けて調理の場は別棟であった。

調理された料理は台盤所（台所の語源）で配膳され各室に運ばれた。調理の場が同じ建物に配置されるようになったのは、中世以降の武家住宅からである。

武家住宅では、日当たりの良い位置は接客空間であり、調理や家族の食事の場は北側の日の当たらない暗い位置に配置された。武家住宅の流れをくむ、都市の中産階級の住宅にも、こうした位置関係は受け継がれ、調理の空間が、明るい位置に配置されるようになったのは、第2次世界大戦後のことである。

■ 座式台所から立働式台所へ

関東の都市の座式台所は、土間のすのこの上に流し、板敷きの床上にかまどを置き、調理はしゃがんで行う様式であった。関西の通り庭式の町家の台所は、流しやかまどを土間に据え、立って作業する立働式であった。座式台所の非能率性や、床面を調理作業に使う不衛生さから、大正時代の生活改善運動のなかで立働式が奨励されるようになった。

◆ 調理をする人の変化

貴族や武士の階層、明治以降の上流階級の間では、調理は専門の調理人が受け持っていた。その後、第2次世界大戦前までは、都市の中産階級でも、家事手伝いをする使用人（女中）が担当することが多かった。しかし、第2次世界大戦後は主に主婦が調理を受け持つようになった結果、台所の使いやすさ、清潔さ、食卓との連絡の良さなどの台所改善が進んだ。

今日では主婦に限らず、家族の誰もが気軽に調理するようになり、調理や食事の場の計画に影響を与えている。

①関西の通り庭形式の住まいでは、調理は土間で行われた。土間には井戸、かまど、流し台、調理台を配置し、食事は中の間で行った

②農家では、土間のかまどで飯を炊き、それに続く板敷きの部屋のいろりの周辺で副食物の調理を行い、食事もそこで行った

③明治時代の都市中産階級の住まいの台所は座式台所であった。
家族の食事は茶の間で行い、南面は接客空間であった

④第2次世界大戦後、作業能率の良い台所への要求が高まり、台所と食事の場の連絡の良さや、調理作業の合理化や機能性が求められた

⑤食寝分離、就寝分離の原則を、狭いスペースの中で実現させるために考えられた昭和30年代の公団住宅のダイニングキッチンは、その後の住宅に生活革新のシンボルとして受け入れられた。ステンレス流し、椅子を使っての食事は、この段階から普及していった

⑥リビングダイニングキッチン（LDK）では台所や食卓まわりを家族のコミュニケーションの場として位置付けている。食事室に開かれた対面型のキッチンは、会話しながらの調理や家族の調理への積極参加を可能にする

B17●食事の場と調理の場の変化

b 世界の食習慣と食事形式

料理の種類、調理方法、食べ方、供し方などには、それぞれの地域の文化や気候風土により固有のものがある。

● 世界の三大食事方法

手食/敷物——食事の前後に必ず手を洗い、口をすすぎ、食器を床の敷物の上に並べ、片ひざを立てたり、あぐらを組んで敷物を囲み、神聖な右手を使って食事する。左手は、不浄とされる。

ナイフ・フォーク・スプーン食/食卓・椅子——17世紀、フランスの宮廷料理において、この形式が確立したが、庶民に普及するのは近代になってからである。それまで、ヨーロッパ社会でも長い間手食であった。

箸食/膳・座卓——中国、朝鮮半島、ベトナムでは箸とスプーンを、日本では主に箸を使う。日本の家庭の食事では箸、飯茶碗、汁椀は個人別に専用の物を使用し、大皿に盛られた料理には、取分け用の取り箸を添える。日本や朝鮮半島では今日でも床に座る伝統が残っていて、そこでは膳や座卓が使われている。

▲ 料理の供し方

日本の伝統的な食事の供し方では、最初から料理の大半を並べて出す。この場合、料理が一斉に並んだときの美しさや豪華さ、季節感などの演出のために、彩どり、盛り付け方が工夫され、さらに料理を引き立てる食器も発達してきた。

欧米での正式なコース料理では、一つの料理を食べ終わると次の料理が出される方式である。温かい料理は温かく、冷たい料理は冷たいうちに味わえる贅沢さがある反面、サービスする側の労力は大きく、今日では主に、外食での形式となっている。

食事方法	機能	特徴	地域
手食文化圏	まぜる つかむ つまむ 運ぶ	イスラム教圏、ヒンズー教圏、東南アジアでは厳しい手食マナーがある。人類文化の根源	東南アジア 中近東 アフリカ オセアニア
箸食文化圏	まぜる はさむ 運ぶ	中国文明の中で火食から発生。中国、朝鮮半島では箸とスプーンがセット。日本では箸だけ	日本、中国 朝鮮半島 台湾、ベトナム
ナイフ・フォーク・スプーン食文化圏	切る 刺す すくう 運ぶ	17世紀フランス宮廷料理の中で確立。パンだけは手で食べる	ヨーロッパ ロシア 北アメリカ 南アメリカ

B18 ● 世界の三大食事方法

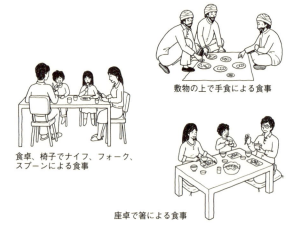

B19 ● 食事様式の文化

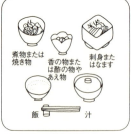

日本料理の日常食の基本形式

・飯、汁、菜、香の物の4点からなる
・飯+汁が第1の基本
・菜の基本は煮物と焼き物
・向付(刺身やなますなど)
・一汁三菜とは煮物、焼き物、向付に汁を加える
　香の物は必ず添えるが、菜として数えない

● 日本の食事形式

供卓の順序は、オードブル、スープ、魚料理、肉料理、サラダ、デザート(菓子、果物、コーヒー)である

● 欧米の食事形式

1人分ずつの食器を並べておき、料理は大皿盛りにして、食卓中央に置いて取り分ける

● 中国の食事形式

B20 ● 食事形式

4 食事の場、調理の場の計画

a 計画の基本

● ライフステージと食空間

計画にあたって、それぞれの家族固有のライフスタイルや、食事・調理についての価値観、家族構成、ライフステージなどを的確に把握することが必要である。

目の離せない幼児や、小学生のいる時期には、子供を見守り、会話しながら調理ができることが望まれるであろう。また、高齢期の調理の場には使い勝手や安全性、援助のしやすさなどが求められる。したがって、家族のライフステージの移り変わりに伴う食空間の課題を、あらかじめ考えておくことが大切である。

▲ 住まいの中での位置

家族生活の中心となる食事の場は、日当たりや風通し、明るさを考慮して居心地の良い位置とし、家族が集まりやすい動線計画や、居間との連絡の良さを大事に考える。

調理の場は、食事のサービスや後片付けの便を考え、食事の場と隣接させることが基本である。

■ 食事の場と調理の場のつながり方

食事と調理の場を家庭生活の中心に据え、皆で調理台を囲んで調理できるアイランド型キッチンや、家族に面して調理する対面型キッチンはコミュニケーションがとりやすい。逆に静かに落ち着いた空間での食事を望む場合や、調理時の水はね、音、におい、煙、調理道具置き場などを気にせず、調理に集中したい場合は、二つの空間を分離させることでそれぞれの要求にこたえられる。

養育期	教育期	成人家族期	高齢期
・生活の中心の場 ・子育てと家事作業の両立の場	・家庭の味や生活技術を伝える場 ・マナー教育の場	・生活時間の異なる家族のコミュニケーションの場	・落ち着いた食事の場 ・人間工学的配慮のある台所

養育期・教育期 — 対面型キッチン 調理しながら家族の様子が分かる

高齢期 — ダイニングキッチン 調理台をかねた大きな食卓 腰掛けての調理や手伝いがしやすい

B 21 ● ライフステージと食事の場、調理の場の役割

B22 ● ダイニングキッチン

B23 ● 食事の場と調理の場のつながり

b 食事の場の計画

● スペース

食事空間に必要なスペースは、共に食事をする人数や、食卓の寸法、食卓まわりに必要な動作のための空き寸法などをもとに決める。一人当たりに必要な食卓の占有幅は、椅子式の場合は、食事をするときの腕の動きや椅子の幅から決めるが、隣席との間隔に余裕を見込んで60cm以上とすることが望ましい。座卓の場合も融通性はあるものの、一人当たりの占有幅は60cm以上とする。車椅子利用の場合は、占有幅は75cm以上必要となる。

また、食事空間に食器棚を置く場合は、あらかじめ、そのスペースを計画しておく。

▲ 食卓の大きさ・座の配置

普段の家庭での食事では、出来上がった料理を一度に食卓に並べてから食べ始める。したがって食卓は、ゆったりと食事ができるやや大きめがよい。大きな食卓は、来客を交えての食事にも対応でき、また、食後の家族それぞれのくつろぎや団らんの場ともなる。しかし、大き過ぎても問題が生じることがある。食卓まわりのスペースの確保や、部屋の大きさとのバランスを考えて、寸法を決めるようにする。

床座での食事には、座卓が用いられる。座卓には、ゆったり座ることも詰め込むこともできる融通性があるが、足を崩す姿勢がとれるよう、余裕を持った大きさとする。

座の配置は、一般的には対向型や囲み型であるが、カウンターの場合は、1列の直線型やL字型などである。

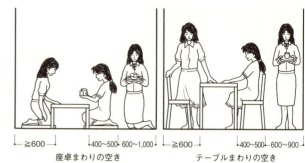

● 食事に必要なスペース

食卓の周囲には椅子を引いて立ち上がることのできる余裕や、後ろを人が通行したり、配膳したりするための空間が必要である

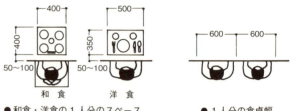

● 和食・洋食の1人分のスペース   ● 1人分の食卓幅

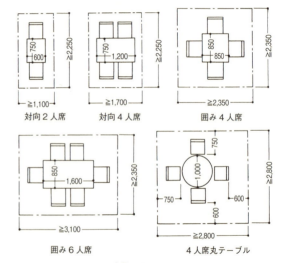

● 席数と必要スペース

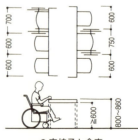

● 車椅子と食事

● 座席数と座卓寸法

	座席数	座卓寸法
一般の場合	6	750〜900×1,800
ゆったりした場合	4	900×2,250〜2,700
詰め込んだ場合	14	900×3,600

B24 ● 寸法計画　単位mm

■食卓の高さ

　椅子式か、座式かによって食卓面の高さは異なる。それぞれ高過ぎても低過ぎても気持ち良く食事ができない。

　椅子式の食卓の高さは、洋食の場合は、食器を手で持ち上げずナイフ、フォーク、スプーンを使って料理を口に運ぶため、高めが食べやすく、和食の場合は、飯碗、汁椀、小鉢などの食器を手にとって食べるため、低めが食べやすい。和食・洋食が混然としている日本の食卓では68～70cm前後が一般的である。バーカウンターなど、食卓面までが高い場合は、椅子との差尺を約30cmとして考えるとよい。

B25 ● 食卓の高さ

◆食卓の照明

　食卓を照らす明かりによって、料理を美味しそうに見せたり、くつろいだ雰囲気を演出することができる。部屋全体を明るくする照明と、食卓上にもう一つ、局所照明を設けることで料理が引き立ち、家族が集う温かな雰囲気が生まれる。

　食卓上を照らす光源（電球）の光の色は白っぽいものより赤みのあるもののほうが落ち着きを演出しやすく、心を和ませ、料理を美味しく見せる効果がある。

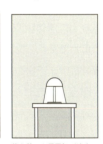

B26 ● 食卓上の照明器具と空間演出

● 収納設備

　食卓は、食事以外に手紙を書く、書類の整理、読書、子供の勉強・工作・お絵かき、親子でのゲームなど多目的に使われる。そのため食卓近くに、そうした書類や家族に共通のこまごました物、例えば薬、電池、懐中電灯、はさみ、筆記用具、メモ用紙などの収納設備があると便利であり食卓周辺も片付く。

　さらに、食卓近くに電話やパソコン置き場があると便利である。

B27 ● 食事の場の収納

C 調理の場の計画

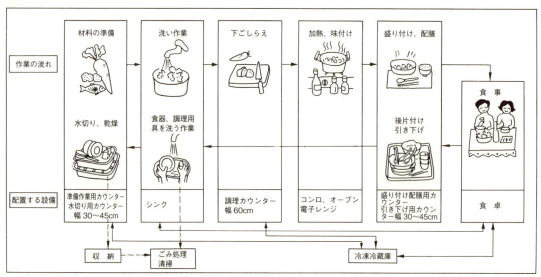

B28 ● 調理作業の流れと設備の配置

● **調理の目的と作業の能率性**

調理の目的は、食材を食べやすく、美味しく、消化吸収しやすい状態に、変えることである。調理の場を、調理、食事、後片付けまで含めた一連の作業が楽しく、手順良く、無駄な動きがなく行えるように計画することは大事である。それには調理作業の流れに合わせて、シンク、コンロ、冷蔵庫、食器・食品の収納庫などの機器を合理的に配置することが基本となる。また、シンクとコンロの間には60cm以上の調理スペースを設け、シンクやコンロの脇には30cm程の作業台スペースを確保すると使いやすい。

作業の三角形といわれるシンク・コンロ・冷蔵庫の関係は、互いに離れ過ぎると作業動線が長くなるため無駄な動きが多くなるが、短か過ぎても使いにくい。

▲ **作業台配列（キッチンレイアウト）**

調理の場の広さや部屋の形状、他の部屋への出入り口の位置、窓の位置、一緒に調理をする人数、家族のライフスタイルなど多くの条件を総合的に検討して決める。

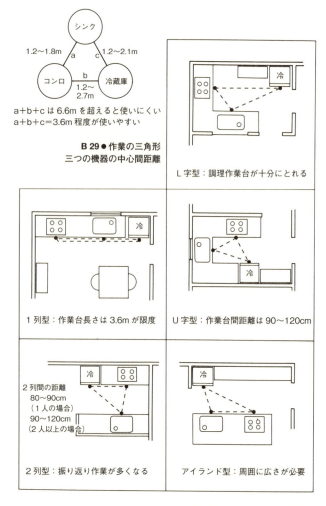

B 29 ● 作業の三角形
三つの機器の中心間距離

B30 ● キッチンレイアウトの例

■調理作業台の高さ

シンク、調理台、コンロなどの高さ、奥行き、幅の寸法は、作業能率に大きく影響する。特に高さ寸法は、高過ぎても低過ぎても、肩や背中、腰の疲労に関係する。適切な高さは、調理する人の身長や調理作業の内容によって異なる。おおよその調理台高さは、身長÷2＋5（cm）で求めることができる。手先を使う細かな作業では高めに、パン生地をこねたり、硬いものを切るなど力を入れる作業やコンロ部分は低めに、というのが理想である。しかし、ひと続きの作業台の中に高低差があると安全性や作業性に支障をきたすため、実際には同じ高さに揃える。

調理者が何人もいる場合は、主に調理をする人に合わせる。

◆調理作業と照明

調理作業の安全性と作業性を第一に考えて、調理の場は明るく保たねばならない。天井の全般照明で、空間全体の均一な明るさを確保すると共に、作業の手元は手元灯で補う。手元灯は光源が直接目に入らないよう、取付け位置や照明器具のデザインに注意する。高齢者の場合は、特に明るさが求められる。また照明器具の掃除や電球の交換のしやすさにも配慮する。

▲調理の場の内装材

火を使う調理の場では火災への対策から、壁と天井の内装材は燃えにくい材料を使うことが基本であり、建物の条件によって建築基準法や消防法の規制がある。その他、汚れにくさ、掃除の容易さ、床の滑りにくさ、柔らかさなどと同時に、食事の場やくつろぎの場とのつながりを考えたインテリア性も求められる。

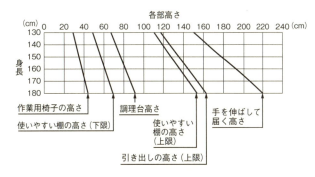

B31●身長と調理台などの高さ

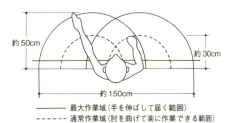

B32●水平作業域（成人女子の場合）

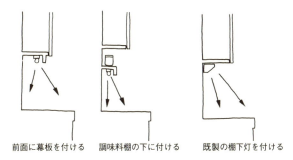

B33●手元灯

B34●台所の内装材
内装材や垂れ壁の有無などは法律にのっとって施工すること

d 収納計画

収納計画は、使い勝手の良さ、容量の確保、物の使用頻度、清潔さを基本に考える。限られた面積の中に、調理器具から食器、食品まで多くの物を収納しなくてはならない調理の場では、物の置き場所の良し悪しは、調理の作業能率に大きく影響する。

● 使いやすい収納

調理作業の流れ（準備から片付けまで）を考えて、使う場所の近くに使う物を、使う頻度の高い調味料、常用食器、調理用具などは、無理な姿勢をしなくても手が届く床から60〜160cmの位置に収納すると使い勝手が良い。また、取り出しやすく誰にでも分かりやすい収納を心掛け、頻繁に使う物は出したままにして「見せる収納」にすることもある。この場合は、出ている物のデザインや、色彩の統一感を図ることが望ましい。

高い位置の吊り戸棚については、昇降式を利用すると使いやすい。

▲ 食器の収納

食器棚に数多くの食器を詰め込み、その使い勝手が悪くなっている家庭は少なくない。日常使う食器はごく限られていて、そのほかは死蔵されている場合が多いため、不要な食器は極力整理して収納スペースを確保する。

食器棚の棚板は高さ調節ができるよう可動式とし、食器の使用頻度、重さ、大きさ、形態などによって収納位置を決める。また、食器棚の奥行き寸法は深過ぎると、奥の物が取り出しにくく使いにくいため、注意する。

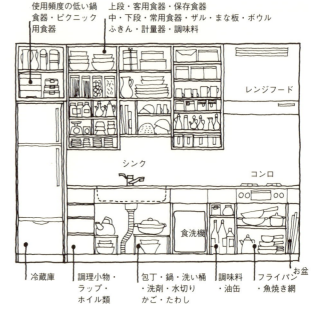

B35 ● 使いやすい収納

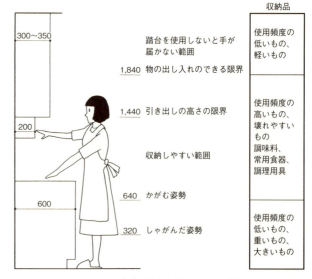

B36 ● 身体寸法と収納位置の関係（身長160cmの場合）

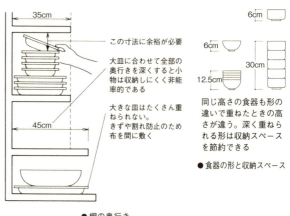

B37 ● 食器の収納

■ 食品の収納、保存

大型の冷凍冷蔵庫の普及と、長期間保存が可能な加工食品の開発により、まとめ買いが増え、一般家庭での食品保有量は多くなっている。冷凍冷蔵庫に保存しなくてよい多くの食品は、太陽光の入らない涼しい場所に保存する。この場合、調理の場に近く暖房の影響のない位置に、1〜3m²程度の食品収納庫（パントリー）があると便利である。棚を設け、缶詰、瓶詰、乾物やミネラルウォーターなどのストック食品、酒類、冷蔵庫に入れない芋類などの野菜のほかに、普段使わない食器や調理具、大型の容器なども収納できる。臭気や湿気がこもりやすいため、換気扇あるいは換気用ガラリを設ける。

床下収納庫は、湿気がたまりやすいため、保存できる食品は限られる。

◆ 調理家電の置き場

炊飯器、電子レンジ、トースター、電気ポット、コーヒーメーカーなどの家電機器を調理台の上に置くと、調理作業の邪魔になる。冷蔵庫の置き場と同様に、計画時に、こうした家電機器の定位置を決め、コンセントを準備しておく。

● 濡れた物・ごみの収納場所

シンク周辺には、まな板・洗い桶・水切りかご・洗剤・たわし・スポンジ類・ふきんなど、濡れた物が多く、衛生面から風通しの良い収納を考えねばならない。さらに食事の場から見えない工夫が必要となる。

ごみの分別が厳しい地域では、いくつものごみ容器が必要になる。調理作業の邪魔にならない位置に、あらかじめ、ごみ容器置き場を計画しておくことで、作業がしやすく、調理の場も整理される。

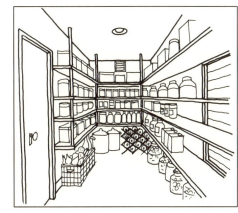

独立型キッチンから直接出入りできるパントリー。棚板は、奥行きの浅いものを設けておく。内部は明るい照明と換気に注意し、清潔に保つようにする。食品は密閉容器や缶に入れて保存するとよい

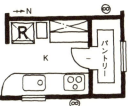

B38●台所に続くパントリー

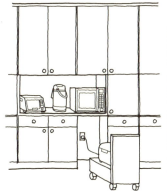

カウンターに置いた家電機器とワゴンに置いた炊飯器。炊飯器はそのまま食卓に運ぶことができる

	コンセントに差し込んだまま	コンセントに使うときだけ差し込む
200V	IHクッキングヒーター 食器洗浄乾燥機 電気オーブン	—
100V	冷蔵庫 オーブン電子レンジ 食器洗浄乾燥機 ディスポーザー	電気ジャー炊飯器 トースター 電気ポット コーヒーメーカー 電気鍋 ホームベーカリー ジューサー、ミキサー

調理の場で想定される調理家電機器

B39●調理家電の置き場

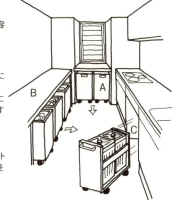

Aの場合、出窓下にごみ容器置き場を設ける

Bの場合、カウンター下にごみ容器置き場を設ける。キャスター付きの台の上にごみ容器を乗せて引き出すと使いやすい

Cの場合、キッチンセットを家具化してごみ収納庫を設ける

B40●調理の場のごみ置き場の例

e 設備の計画

加熱調理機器——加熱方式の違いにより、コンロ、グリル、オーブン、電子レンジ、電磁調理器（IHコンロ）などがあり、熱源は主に、ガスと電気である。それぞれの特徴を検討し、各家庭の食生活に適した機器を選ぶようにする。コンロの設置にあたっては建築基準法や消防法による規制があることに注意する。

給湯器——瞬間式と貯湯式がある。貯湯式は、あらかじめ、設置スペースと重量の確認が必要となる。

換気設備——建物全体の「全体換気」と、コンロ上などの「局所換気」がある。調理によって発生する熱・煙・水蒸気・臭気などを素早く屋外に排出する局所換気の方式では、機械換気（第3種）が一般的である。また換気を十分に行うためには、新鮮空気を取り入れる給気口を設置する必要がある。

シンクと水栓金具——日本の調理は水処理が多いため、シンクは大きめが使いやすい。また、水はねの音が気になる場合は、静音仕様のシンクを選ぶ。

水栓金具は、湯水混合栓でシングルレバー式が一般的だが、水栓に手を触れないセンサー式もある。ハンドシャワータイプは、シンクの隅々まで水が流せて便利である。

コンセントの計画——大型冷凍冷蔵庫、電子レンジ、食器洗浄乾燥機などはアース付きの専用コンセントとし、100Vか200Vかの配線の確認も大切である。炊飯器など、そのほかの機器のためのコンセントは、使用場所近くに計画する。

B 41 ● 加熱調理機器と加熱方式

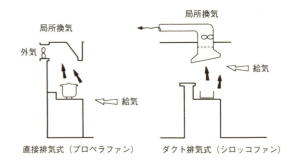

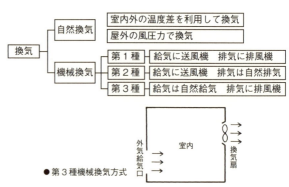

B 42 ● 換気

主なシンクの材質	主な特徴
ステンレス	手入れが簡単、機能的
ホーロー	カラフル、見た目が美しい
人工大理石	柔らかく温かみのある色合い

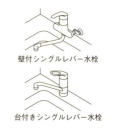

B43 ● シンクの材質と水栓金具

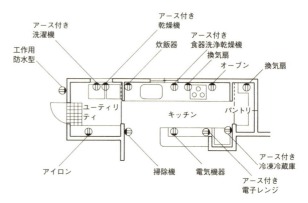

B44 ● コンセントの計画

f 調理と環境

● ごみを考える

食品ごみ——日本では、食べられるのに捨てられる食品ロスは年間約632万t（2013年）で、その半分近くは一般家庭から出されている。食べ残しをしない、買い過ぎないことが食品ごみの発生を抑制する基本である。また、生ごみは水分を切って出すことや、庭のある家庭でのコンポストによる堆肥化は、環境負荷を小さくすることにつながる。

包装ごみ——食品を包装していたラップやトレー、プラスチック容器、ペットボトルなど大量のごみも排出される。包装が簡易なものを買う、リサイクルできるものを選ぶなどが大切である。

リサイクルに欠かせないのは徹底したごみの分別である。各自治体での分別収集によるごみの資源化も進んできた。分別したごみを、回収日まで保管しておく場所を台所の内外に確保する必要がある。

▲ 台所からの排水を汚さない

水は地球を循環し、人間はこの循環の中から水を取り出して使っている。この水が汚染されれば健康や生存が脅かされる。水質汚染の主な原因は、家庭からの生活排水であり、そのうちの約40％はシンクを通して出ている。油や残った料理などを直接シンクに流すことや、大量の食器洗い洗剤を使用することは避ける。

マンションで使用されることの多いディスポーザーは、シンクの下に設置し、生ごみを細かく砕き、水と一緒に流す機械であるが、下水の負荷を高めるため、使用を禁止している自治体は多い。使用する場合は、敷地内の合併処理浄化槽などの排水処理装置を通し、環境負荷を低減させてから流さなくてはならない。

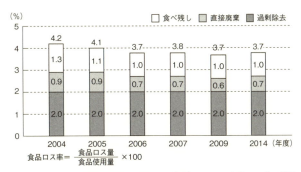

B45 ● 世帯食（家庭での調理・食事）における食品ロス率の推移

食品ロス率＝ 食品ロス量／食品使用量 ×100

B46 ● ごみの分別とごみ置き場

1. 油や、牛乳などを捨てない	2. ごみ収納器に頼らないで三角コーナーを使う	3. 米のとぎ汁は庭や植木鉢に
4. 塩素系漂白剤を使わない	台所からの排水を汚さない	5. 皿は紙やゴムベラで拭いてから洗う
6. 合成洗剤はやめて、石けんか、かやふきんを使って湯で洗う	7. スープやみそ汁は適量つくる	8. ディスポーザーは使わない

B47 ● 台所からの排水を汚さない工夫

水を汚す原因	醤油 大さじ1 15mℓ	米のとぎ汁 500mℓ	味噌汁 お椀1 180mℓ	牛乳 コップ1 200mℓ	マヨネーズ 大さじ1 15mℓ	ジュース コップ1 200mℓ	てんぷら油 500mℓ
浴槽 300ℓ	1.5杯	4杯	4.7杯	9.4杯	12杯	13杯	330杯

汚れた水を魚が住める水質（BOD 5mg/ℓ）にするために必要な水の量は、浴槽1杯300ℓとして何杯かかるか

B48 ● 汚れた水を魚が住める水質にするには

g 事 例

○料理を皆で楽しくつくる山荘のキッチン

設計：黒木実建築研究所

● 台所の設備

台所の位置		2階
台所の窓の向き		南
勝手口の有無		無
ワークトップの材質		タイル
シンク	材質	ステンレス
	形式	大型一槽
給湯	器具	瞬間型
	方式	局所式
換気	器具	ファンのみ
	方式	局所式
	排気方向	下方
台所機器		冷蔵庫、電子レンジ、その他（製氷器）

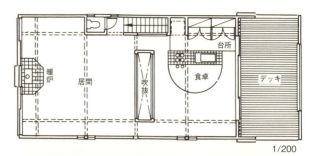

B49

○ファミリールームの中の台所

設計：小井田家康和設計室

● 台所の設備

台所の位置		1階
台所の窓の向き		東、南、天窓
勝手口の有無		有
ワークトップの材質		メラミン板、ステンレス
シンク	材質	ステンレス
	形式	親子二槽
給湯	器具	瞬間型
	方式	中央式
換気	器具	ファン＋フード
	方式	局所式
	排気方向	天井
台所機器		冷蔵庫、オーブンレンジ、洗濯機

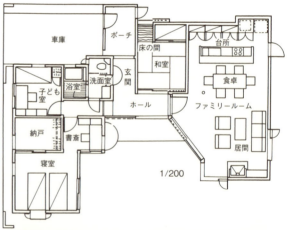

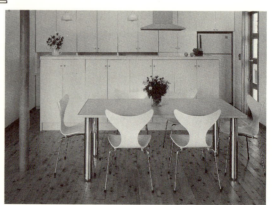

B50

○食事室と連続した独立型キッチン

設計：N設計室（永田昌民）

● 台所の設備

台所の位置		1階
台所の窓の向き		南
勝手口の有無		階段、家事室等を通して間接的に有
ワークトップの材質		木質
シンク	材質	ステンレス
	形式	大型一槽
給湯	器具	貯湯型
	方式	中央式
換気	器具	レンジフードファン
	方式	局所式
	排気方向	天井
台所機器		冷蔵庫、電子レンジ、ディスポーザー、下流し、洗濯機

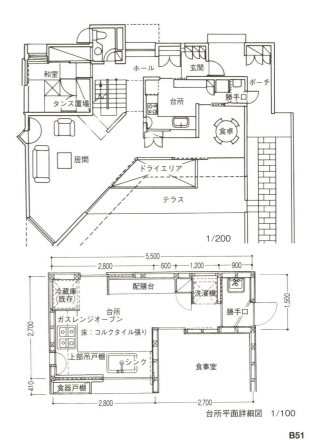

台所平面詳細図　1/100

○開いたり閉じたりできるキッチン

設計：DEN住宅研究室

● 台所の設備

台所の位置		1階
台所の窓の向き		無
勝手口の有無		無
ワークトップの材質		タイル
シンク	材質	ステンレス
	形式	一槽
給湯	器具	瞬間型
	方式	局所式
換気	器具	レンジフードファン
	方式	局所式
	排気方向	壁
台所機器		冷蔵庫、給湯器

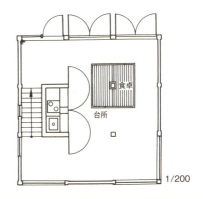

C 着る

進化の過程で体毛を失った人間が、体温の発散を防ぎ身体を保護するために獣皮や植物を加工してまとったことから衣服が誕生した。一方、熱帯に暮らす人々も、何らかのものを身にまとい飾り付ける習慣を持っていた。したがって着衣には装飾性や自己顕示性、権威の表明、宗教的な表現など様々な意味があり、社会生活との関わりのなかでそれぞれの気候風土や生活様式を背景に、固有の民族衣装を誕生させた。

日本人の衣服とされてきた和服（きもの）は、比較的温暖な気候と和風の木造住宅、そして畳に座るという起居様式のなかで形成され、広く着用されてきた。和服は、その製作や取扱いが家庭婦人の仕事であり、多くの時間と労力を要することからも非常に貴重なものとして大切に扱われてきた。明治以降、特に大正期に入ってからその合理性、活動性や洋風化志向から、起居様式と共に洋服の着用が促された。だが、和風の住いにはなじまず、外では洋服、家に帰れば和服に着替えるという二重生活が続いていた。洋服が多くの人々の常衣となるのは第2次世界大戦以降のことである。

今日、私たちは、あふれんばかりの衣服を所有している。街に出れば大量生産によって安価になった衣服を簡単に購入することができ、不用となった衣類は住まいの貴重な空間を占拠する邪魔物となり、消費財として安易に捨てられている。

人間にとって、体を直接覆う衣服は気候調節を行う1次環境であり、住まいはそれを包む2次環境として、住まいと衣服の間には不可分な関係がある。また、衣服の着脱、収納と管理は住まいの中で行われる重要な生活行為であり、この点からも衣服と住まいの関係を見直し、検討してみる必要がある。

1 着るということ

衣服を着るということは、他の動物には見られない人間固有の行為であり、そのことによって生存できる地域を拡大することができた。動物に備わっている獣毛や鳥の羽毛はそれ自体が保温性や水をはじく性質を備えて、個体を保護しているが、これは限られた環境条件下でのみ適応できるものである。

人間は動物の皮や植物の繊維を採取し様々な工夫を凝らして加工し、寒さ暑さを防ぎ、生存可能な地域を拡大していった。また、地域による環境の違いはそれぞれの地に様々な衣服をつくり出した。さらに衣服は地位や身分を表現する手段として、あるいは他者との違いを識別するために、また、裸体の一部を視覚的に隠すため、あるいはより美しく自己を見せるための手段としても使われながら、文化として今日に至っている。

C1 ● 植物の繊維や動物の皮を加工して着る

C2 ● はた織機を工夫して布を紡いだ

a　いろいろな衣服

●気候によって違う衣服

地球上には様々な気候帯が存在している。冬季には−30〜−40℃になる極寒の地、シベリアやアラスカに住む人々は毛皮でつくった衣服を身にまとい、体温の発散を防いでいる。それに対してエジプトなど日中に40〜50℃にもなる灼熱の砂漠地帯では、全身を白い衣服で覆い、太陽から皮膚を守り、皮膚からの乾燥を防いでいる。

赤道直下の国々など、年間を通じて高温多湿の熱帯雨林地帯では、皮膚からの水分蒸発を活発にすることで体温が上らないように、なるべく裸に近い状態で暮らしている。

C3●ペルーの山岳地帯に暮らす先住民

C4●雪と氷の中で暮らすイヌイット

C5●強い日射を避け、全身を布で覆っている砂漠の民

C6●裸に近い状態で暮らす赤道直下の先住民

▲衣服のまとい方

布による体の覆い方には、民族によって違いがある。1枚の布を裁断せずに体にまとう、南方熱帯地方系の腰布型（サロン、ドーティ）、長い布を巧みに体全体に巻き付ける掛け布型（サリー）、布の真ん中に穴を開け、それをすっぽり被る貫頭衣型やポンチョ型は世界に広く分布していた。アジア系の直線裁ち、直線縫いで構成した前開き型（和服はこれに当たる）は人が身にまとうことによって立体的な形となる。体形が異なっていても着用でき、分解すれば布としてほかの用途に用いることもできた。

これに対して北方寒帯地方系の衣服とされる洋服は、体形に合わせて立体的に裁断、縫製する個人専用の衣服で、ほかの用途に転用できない。ゆったりと着る衣服は、体と衣服の間に空気層ができ、風も通るので涼しいが、襟元、袖口、裾を狭めてぴったりと着る衣服は寒さを防ぐのに適している。

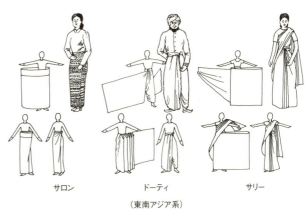

サロン　ドーティ（東南アジア系）　サリー

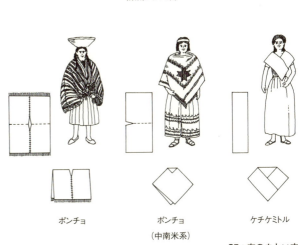

ポンチョ　ポンチョ（中南米系）　ケチケミトル

C7●布のまとい方

2 環境と着衣

a 気候と着衣

●体温調節のメカニズム

人間の体温は、まわりの温度が変化しても体温は平均36.5℃前後で一定している。寒いときには体を縮めて放熱を防ぎ、暑いと身体を開いて放熱を促す。これは皮膚に近い部分で、毛細血管が拡張したり、縮小することで、内臓部分が放熱を促したり、放熱を防ぐメカニズムを働かせているためである。だが、体温調節だけでは、−30〜＋40℃にもなる気温には対応できない。

▲着衣と室内気候

人間は衣服を着用することによって、体温の調節を助け、外気温の変化から体を守っている。また、建物の内部にいる場合は、室内気候を衣服によって調節することになる。

室内気候は、建物の建て方や、材料、暖冷房等の設備によって自由につくり出すことができる。夏に重ね着を必要とするほどの過冷房や、冬に真夏のような暑さに温度を上げることは省エネルギーに逆行するものである。

快適な着衣環境とは衣服を着ていて暑くも寒くもない状態をいい、この状態をつくるには、衣服と室内気候の間のバランスを安定させなければならない。室温が低い場合には空気層を含む衣服を重ね着し、衣服の間にも空気層をつくって放熱を防ぎ、室温が高い場合には薄着にして、体からの放熱を促すようにする。

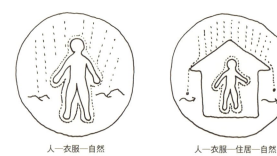

人―衣服―自然　　人―衣服―住居―自然

体温と気温の差が10℃以上になると、衣服や住居による補助的な調節が必要になる

C8●着衣と環境

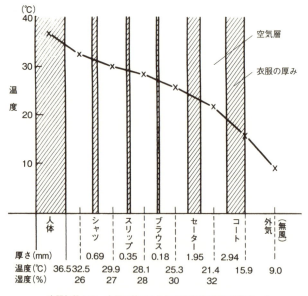

衣服気候とは、衣服を着てできる衣服内の空気の状態をいう。暑さ・寒さは、着衣の状況、活動の状況、人種や体質などによって個人差がある

C9●衣服気候

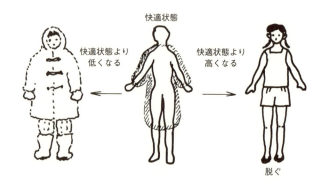

皮膚と一番内側の衣服との間の空気条件が温度32±1℃、湿度50±10％、気流25cm/secであるとき暑くも寒くもなく快適状態である

C10●衣服による気候調節

b 日本の住まいと着衣

●冬は寒かった日本の住まい

南北に長い日本列島の気候は、一様ではない。東北、北海道など北の地方では冬季気温が氷点下が続く。関東以南は比較的温暖だが、夏季は温度、湿度が高く蒸し暑い。したがって伝統的な日本の住まいは夏を旨として建てられてきた。夏の暑さに対しては床を高く、風通しを良くして湿気を避ける南方系の建て方をしてきたが、冬の寒さに対しては無防備であり、南から差し込む太陽と囲炉裏、火鉢、こたつなどで暖をとるのがせいぜいであった。

日本の住まいでは建具で仕切ったひと部屋が4.5畳や6畳と狭いのも冬の温度低下を防ぐことと関係がある。また、座布団の上に足を折って座ることで足元の冷えを防いだ。それでも寒い室内では綿入れなどの空気層を含む衣服で身を包み、小さく丸くなって過ごした。

かつて、農村の囲炉裏端に8枚もの重ね着をした高齢者を見掛けたことがある。

▲冬暖かく暮らすために

冬季、室内で厚着をしていては活動的な暮らしは望めない。それには住まいの空間を暖かくする必要がある。椅子座では暖房をしても室内に温度差があると足元が寒い。建物全体の断熱性能を上げ、外気の影響を最小限にして暖房の熱が逃げないようにすることで、均一な室内温度が保てるようになる。

暖房温度は、省エネルギーの観点から低めに設定し、着衣で調節したい。その点、床暖房は、室温が低くても足元が暖かいので、比較的快適に過ごすことができる。

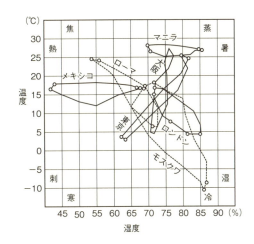

東京や大阪など都市の夏は、熱帯のマニラ並みに蒸し暑い環境である。冬の寒さについては、湿度が低いため、ロンドンやローマなどより体感温度は低い

C11 ● 世界の都市気候図表（クリモグラフ）

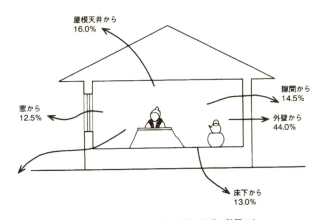

断熱性能の悪かった日本家屋は、床・壁・天井・建具の隙間から室内の熱が抜けてゆき、外からの冷たい外気が侵入した

C12 ● 隙間だらけで寒い住まい

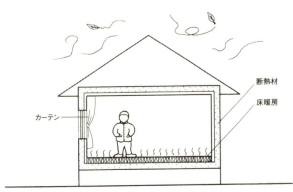

床・壁・天井を断熱材で包み、床暖房を入れた住まいは、室温が20℃位でも、セーターを着れば冬も暖かく過ごせる

C13 ● 熱損失を防いで住まいを暖かく

3 移り変わる住まいと衣服

●古代の人々の暮らし

古代の人々は長い間、竪穴住居を生活の場としてきた。はじめは雨露を避けて寝起きするだけの場から、炉を設けることで煮炊きをし、暖がとれ、冬の寒さをしのぐことができるようになった。貫頭衣（かんとうい）は植物（葛、麻）からとった繊維で織った布や動物の皮を加工したものである。

その後、高床住居に住むようになった支配者たちは、唐の影響を受け衣褌（いこん）、衣裳（きぬも）を着用するようになった。

▲貴族の栄華と庶民の貧困

平安京に都が移ると貴族は寝殿造りと呼ばれる住まいをつくった。これは母屋（もや）部分と庇（ひさし）部分で構成されたきわめて開放的な空間だった。仕切りには屏風（びょうぶ）、衝立（ついたて）、几帳（きちょう）、壁代（かべしろ）、簾（すだれ）を用い、置畳や円座に座り、厨子（ずし）などの調度で飾った。広い板の間の部屋は寒く、女性は衣服を幾重にも重ね、長い裾を引きずる唐衣裳（からぎぬも）（十二単（じゅうにひとえ））で寒さをしのぎ、男性は束帯（そくたい）に身を包んだ。雛人形や皇室の儀式に用いる衣装にその名残が見られる。一方、庶民の暮らしはきわめて貧しく、粗末な衣服をまとっていた。

コラム●小袖

平安時代頃から庶民の間で、男女を問わず日常着、作業着として着られるようになったものが小袖だった。さらに室町から江戸時代にかけては武士も日常着として着用した。小袖は自由な服装として多くの人々に愛され、質素なものから豪華なものまで現れて人々の暮らしを彩った。

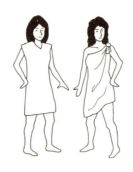

貫頭衣　袈裟衣

竪穴住居

衣褌・衣裳

高床住居

小袖（こそで）・直垂（ひたたれ）

平地住居

十二単・束帯

寝殿造り

■ 武家社会と身分制度

　武士の住まいは、中国の宋様式の影響を受けた僧侶の住まいから出発して、床、棚、書院の座敷飾りを設けた書院造りであった。これは和風住宅の伝統として今日まで受け継がれている。建具で部屋を仕切ること、保温性のある畳を敷き詰めることで寒さを緩和した。武士の服装も簡略化されるなかで、元々は労働服であった直垂(ひたたれ)が、利便性が追求されて変化し正式な公服として用いられるようになり、後に礼服にまで昇華された。女性も重ね着を減らして袖を小さく裾を短くして、もとは下着であった小袖が表衣となり、これが後の和服（きもの）につながった。

◆ 文明開化と新時代

　明治時代に入った日本は、西欧化による近代国家の建設を急いだ。上流階級の間では洋館で椅子式、洋食、洋服の着用が始まった。生活の合理化は洋風生活を取り入れることであると確信する人々の間で洋服が広く着られるようになった。当時の人々は、従来の和風住宅に洋風応接間をひと間加えた和洋折衷住宅で、外では洋服、家では和服という二重生活を続けながら西洋文化を日本の生活の中に融合させていった。

書院造り（武家の住まい）

直垂　　　小袖　　　半袴(はんがみしも)・打掛(うちかけ)
（日常着）　　　　　　　（正装）

野良着

農家住居（農民の住まい）

洋服（正装）

洋服

洋風の住まい

C14 ● 移り変わる住まいと衣服

4 和装と洋装

a 和服の成立

● 小袖から和服へ

着物は身頃の左右を合わせて着る方領（中国・漢の時代の官服やチベット、韓国の民族服にも似たものがある）形式で、中世から近世にかけて下着だった小袖が、着やすさから次第に上着として着用されるようになった。男性の場合は袴や股引を併用して活動性を確保した。女性の場合は江戸中期頃から、織り方や染色にも手の込んだ華やかな絹地を使ったワンピース型で、長袖、広帯を締める和服が武士や町人の女性の間で流行し、これに合わせて髪形も重い日本髪を結うようになった。だが、働く農民や貧しい人々は、木綿や麻を紡ぎ、手織りにした丈夫なものが日常着だった。

▲ 女性と和服

旧憲法の時代、財産はすべて男性が所有した。女性の唯一の財産は和服だった。高価で美しいものをたくさん持つことに価値があり、たんすの数が競われた。嫁入り道具のお披露目の習慣もこのためである。和服は、体にまとわせるようにして、数本の紐を使って裾の長さを調整しながら体型に合わせて着付け、最後に幅のある帯をしっかりと締める。これが緩ければ着崩れ、長い袖と長い裾まわりは、手の動き、足の捌きを制約する。ここに和風住宅での行動規範が生まれる要因の一つがあり、小笠原流の立ち居振る舞いが、茶の湯、生け花、和裁の習得と共に女性のたしなみとして重要視された。

C15 ● 各地に伝わる織物

C16 ● 花嫁衣装には明治時代の和服が現代にも踏襲されている

C17 ● 小笠原流の挨拶
相手を大切に思う心の表現として

b 和服から洋服の時代

● 男性と洋服

洋服が日本に入ってきた明治以後、西洋との対等な関係を意識して、天皇をはじめとして官吏の礼服、軍人の軍服、鉄道員、郵便局員、警察官、学生の制服へと着用が広がった。椅子と机を使う職場では洋服が男性の職業着となったが、家に帰れば和風の住まいで和服に着替えてくつろいだ。ワイシャツ、ネクタイは男性の職業着として定着した。だが、近年は形式にとらわれない自由で軽快な服装も広く着用されている。

▲ 女性と洋服

女性の洋服は貴族や特権階級の社交服として明治以後着用されたが、実用性に乏しく普及しなかった。当時の看護婦の制服として看護服が、大正時代末には水兵のセーラー服が女学生の制服として採用されるようになった。洋服は若い女性から普及し始めるが、誰でもが洋服を着るようになるのは第2次世界大戦以後である。戦後の女性解放や社会進出、洋風化した住まいや暮らし方の変化と関係が深い。

今日では、年齢や性別に関係なく洋服が男女とも日本人の服装になった。

■ 豊富な衣類と氾濫

今日、アメリカの労働者の作業着であったTシャツやジーンズが世界中で愛用されている。新しい流行は、瞬時に地球を駆け巡る。大量生産による低価格の衣類が手軽に入手できるようになった。そのため必要以上に所有しておびただしい量の衣服が住まいの空間を占領することになった。

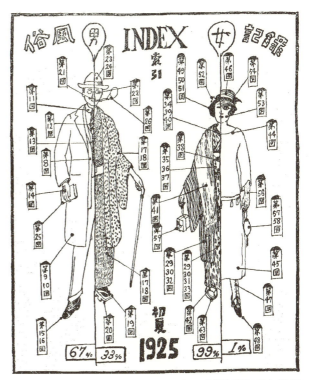

C18● 和服と洋服の比率（銀座）

C19● 明治末の日本橋の小学校教員（男性は洋服、女性は和服）

C20● 斬新なデザインのファッションが毎月のファッション雑誌を飾っている

5 衣類の収納と管理

a 衣類の収納

　衣類の収納と管理は、住まいの空間を考える上で重要である。上手に住むには手持ちの衣類の整理と管理を適切にして、シンプルライフを心掛けることである。それには、着まわしのきく衣類を少なめに持ち、着なくなったものは早めに処分する。日常着用する衣類は各自の個室に収納空間を備えて保管する。

● 衣類の仕舞い方

　和服は直線裁ちのため、たたんで重ねることができるので、適切な収納家具として桐製の和だんすが長く使われてきた。桐は湿気を防ぎ、火にも強い。

　洋服は体形に合わせた立体構成のため、たたまず吊して収納することが基本である。だが、上着、コート、スカート、ズボンは、長さも吊下げ方も違う。ワイシャツ、セーターなどたたんで仕舞えるものもある。また、帽子、バッグ、アクセサリーなど付属品の仕舞い方も同時に考える必要がある。近年は、各個室に衣装戸棚や、ウォークインクローゼットを付属させる場合が多い。

▲ 押入れの活用

　日本家屋の和室には一般的に、押入れがついている。これは寝具の収納を想定したもので、奥行きが深く、衣類の整理には適さない。上段には、奥に棚を設けて、季節外の物入れに、または、二重パイプを渡してハンガーの収容力を増すことができる。下段は、衣装ケースやかごの置き場として活用する。

> **コラム◉着なくなった服の行き場は**
>
> 　季節の変わり目だ。うっかり暗い色のコートなんかを着て出かけてしまい、まだ寒くても確実に冬が終わっていることに気づいて急に恥ずかしくなり、明日からは絶対に明るい色の服を着ようと心に決める、そんな日があるころだ。
> 　今年は鮮やかな色が流行で、ピンクや緑やオレンジや青が、雑誌を開けば目に飛び込んでくる。花柄も多いし、色柄好きとしては買い物に行くのが楽しみで仕方がない。しかし、その前に大問題がある。収納するところがない。新しい服を買ったって、その安住の地がうちの詰め込みすぎのクローゼットにはないのだ。
> 　掃除の特集記事には必ず書いてある。2年着ていない洋服は捨てましょう。一つ買ったら一つ捨てましょう。どうしてもそれができない。15年以上前の服もまだある。だって、機能は全く失われていないのだから。
> 　というわけで汚れてどうにもならない服以外は、家の中にずっとある。ときどき、子育て中で買い物に行けない友だちがもらってくれるのが、非常に助かる。どんどんたまっていく洋服たちの行き場がもっとあればいいのに、と切実に思う。
> （「柴崎友香の一晴れたら街へ」、2008年3月14日朝日新聞より一部抜粋）

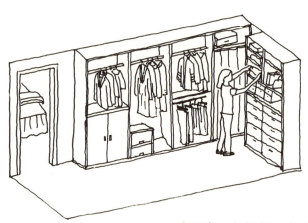

C21 ● ウォークインクローゼット

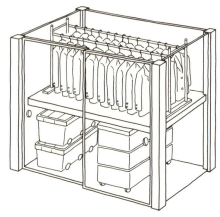

上段はパイプを2本通しに前後に掛ける。
手前にはそのとき着る季節の服を掛ける。
下段には衣装ケースなどを入れて整理しておく

C22 ● 押入れの改造

b 衣類の手入れ

● 洗濯と乾燥

衣類を気持ち良い状態に保つためには、早めに汚れを落とし、乾燥した状態で保管する必要がある。

かつて洗濯は、川や井戸端でしゃがんで行う負担の多い仕事だった。昭和30年代以降の電気洗濯機の急速な普及によって、洗濯のための労力と時間は軽減された。だが、住まいの中に洗濯機を置く場所が必要であり、汚れた衣類の保管、繊維の性質を見て洗剤や洗い方を決めることから、乾燥、取り込み、仕分けと収納、時には修理やアイロン掛けなどの一連の作業があり、これらは関連づけて考える必要がある。

C23● 江戸中期頃の洗濯風景

▲ 洗濯と乾燥のためのスペース

洗濯機を置く場所には、給排水の設備と電源が必要である。浴室に続く脱衣室に置く場合が多いが、手洗いができる流し、汚れ物入れ、洗剤やネット等の置き場も必要である。全自動洗濯機には乾燥機能がついたものが多いが、雨天以外は太陽による乾燥が殺菌効果もあり、節電にもなるので、洗濯場近くに物干しの設備が欲しい。

C24● 洗面カウンター横に置いた洗濯機

> **コラム●洗濯機の置き場に注意**
>
> 洗濯機を浴室内に置くことは、感電による事故の恐れがあるため、絶対に避けなければならない。また、家の外に置く場合には雨が掛からないように十分注意する必要がある。

■ アイロン掛け

アイロンは家族の誰でもが、いつでも気軽に使える場所にあるとよい。ここにはアイロン台、コンセント、衣類の置き場、ハンガー掛け、そして裁縫道具も用意してボタン付けや簡単な修理もできると便利である。

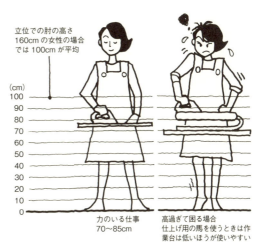

立位での肘の高さ
160cmの女性の場合では100cmが平均

力のいる仕事
70〜85cm

高過ぎて困る場合
仕上げ用の馬を使うときは作業台は低いほうが使いやすい

C25● アイロン台の高さ

D 排泄・入浴

　人間は食物をとって栄養とし、その老廃物を排泄して生命の維持と活動が図られている。汗腺を通じ、または皮膚表面からも体内の老廃物を絶えず排出している。生理的な要求に従い、トイレを使用し、あるいは入浴やシャワーによって皮膚表面を清潔にすることで気持ち良い生活を送ることができる。もし、その機能に支障が生じるならば、健康に大きな影響をもたらすことになる。トイレ、洗面所、浴室の使いやすさは、住まいの中の位置を含めて重要な意味を持っている。

　長い間、トイレは不浄の場として扱われ、浴室も住まいの中にきちんと位置付けられてはこなかったが、健康的で快適な暮らしを求める意識の向上と、上下水道などの都市施設の整備、衛生機器の発達によって急速に変化してきている。

　都市の上下水道、電気、ガスなどの供給によって成り立っている衛生空間は、水資源問題、河川や海洋の汚染問題とも深く連動して、地球環境問題に直結していることを忘れてはならない。ここでは、心身共に健康に過ごすための安らぎの場としても大切なトイレ、浴室空間を、環境問題や都市のあり方を視野に入れて考えていく。

1 排泄する

a 排泄する

　大昔の人々は、他の動物と同じく、自然の中で食物をとり、排出してきた。私たちは、食物を摂取・消化・吸収・排泄して、その生命を維持している。この一連の作用がスムーズでないと、体内に老廃物が蓄積して健康を保てない。

　大人一人当たりの1日の排泄量は、尿量約1,500mℓ、便量100〜250gといわれる。

　人類の歴史において、生活の場は、むら、まち、都市へと、住居形態は戸建て住宅から集合住宅へと多様化してきた。その中で排泄の場も様々に変化し、快適な空間として実現している。

　それは都市設備としての上下水道の敷設や浄化槽の性能向上によるところが大きい。今後、トイレの水洗化が地球規模で普及すれば、限りある水資源の不足や環境への負荷が懸念される。

　動植物の排泄物などは、地球上の土壌形成のために有効であり、本来は土に返すものである。食料不足が叫ばれる現代、農業用地の豊かな土壌形成は、重要課題といえる。

D1 ● 規則正しい食生活と排便は健康を支える

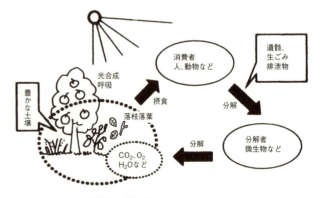

動植物の遺骸、排泄物、落ち葉、微生物は
豊かな土壌形成に不可欠である

D2 ● 豊かな土壌の形成

b 日本人の排泄観

日本では、狩猟採集生活から定住農耕生活になると、排泄物を大地に施し肥料として活用してきた。また川辺や山間部の一部では、河川に流すなどの処理をしてきた。古来、便所のことを「かわや(厠)」と呼ぶのは、川の近くに設置する場(屋)という由来がある。また「側屋」ともいわれ、主屋から離れたところに設置することも多く、住まいの生活の場から離して配置された。それは衛生面での配慮でもあった。

排泄は仏教の餓鬼、民俗信仰と結び付き、不浄、穢れ、暗い闇など否定的なイメージが強く、それにまつわる禁忌や俗信も多い。さらに、禅宗の影響による羞恥心とも結び付き、人目に付かない裏の場で、憚りながら用を足すという習慣もあった。

● こやし

日本では、肉食禁忌の時代が長く続き、蔬菜中心の食生活であったため、農産物増産のこやし(肥し)として、排泄物の利用が一般的であった。昭和30年代頃までは、都市部の糞尿も、近郊農村に運ばれ、野菜栽培に利用されていた。

しかし、その後衛生上の観点とさらなる食糧増産のため、化学肥料が多用されるようになった。しかし、化学肥料で農地を疲弊させた反省から、近年では有機肥料が見直され、落ち葉や食品生ごみなどの堆肥化が進められている。

これは理想の「食の循環」として、食品残渣ごみから安心な野菜をという社会システムも構築されつつある。

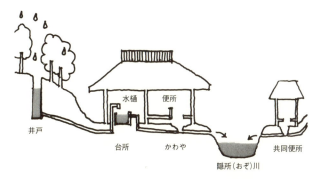

D3 ● 高野山の水洗方式

D4 ● 江戸の長屋の裏庭の共同便所

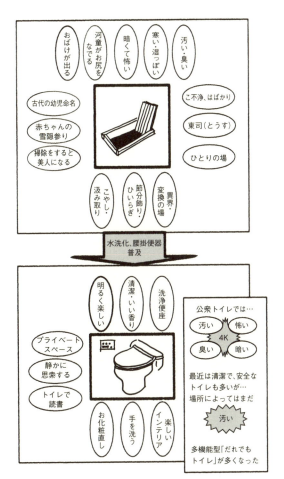

D5 ● 排泄の場に対するイメージの変化

2 入浴する

a 浴する型

古来、地球上の生物は、衛生目的で皮膚を水で洗い、舐め、そして土や砂にこすり付けて、その皮膚の汚れ、虫、細菌の駆除を行ってきた。人類は、その気候風土、水との関わりで入浴した。

高温多湿の日本では、古くは蒸気浴、そして近年以降は温水浴を習慣としている。夏の蒸し暑さ、冬の寒さのなかでも快適に過ごすための入浴は、生活上、重要な意味がある。

世界各地の入浴習慣は多様であり、各地の気候風土、生活習慣、宗教上の慣習により、様々な形態がある。大きく分けて、温水浴、蒸気浴、熱気浴があり、その中間的な型、併用型などがある。乾燥地帯や水資源の乏しい地域では、浴することが少なく、高温多湿地帯では、毎日の入浴が必要となる。

b 浴する意味

入浴の第一の目的は、皮膚の清潔保持である。浴後は、その爽快感と共に、体も温まり、新陳代謝が活性化し、疲労回復にも有効である。また医療的にもその有効性が認められている。

労働やスポーツの後の入浴、日常生活から離れての温泉旅行などは、私たち日本人にとって気分転換、物事の区切りやけじめとしての意味がある。また、住戸内でひとりでゆっくり1日の疲れを癒やすことはストレス解消につながる。日本人に多く見られる入浴形態である温水浴には、主に①温熱効果、②水圧効果、③浮力効果があり、医学的にも証明されている。

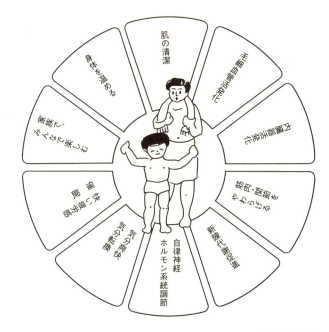

D6● 入浴効果

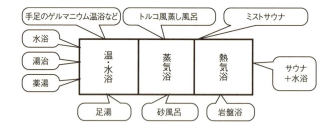

D7● 沐浴の種類

①温熱効果
・入浴により体が温まり疲れが取れる
・毛細血管が広がり、血流が良くなり、体内の老廃物や疲労物を除去。内臓の働きを補助し、腎臓の活性化による利尿作用
・自律神経のコントロール作用

②水圧効果
・全身の血行促進、足にたまった血液が押し戻され心臓の働きを活発にする、血液の循環の促進。心肺機能が高まる。

③浮力効果
・浴槽内では体重は浮力作用により約9分の1となる
・普段体重を支えている筋肉、関節は解放されて脳への刺激が減少する

D8● 温水浴の三つの効果

C 日本人の沐浴観

● 宗教性

古来から、水の持つ「浄力」は、浴する行為のなかで、衛生目的のみならず、精神的、宗教的側面を持っている。宗教上の儀式、祭礼には水と関連付けられて、様々な形がある。

日本では古来、一部の寺院に湯屋が設けられ、入浴の功徳として、病を払い、福を得ると説かれていた。

現代でも、人生の節目の門出、区切りの前に身を清めて、精神の統一を図ることが多く見られる。例えばキリスト教の洗礼、ヒンズー教の沐浴など、世界的にも宗教と「浴する」ことは深くつながり、けじめ、清め、贖罪とされ、例えば僧侶の滝修行は精神統一、洗心という意味がある。

▲ 娯楽性

浴するひとときは、身を清めると同時に、日常の雑事から解放される一面もある。温泉、銭湯など共同風呂での裸の付き合いは、人々を無邪気で、素直な気持ちにして、人間関係をより親密にしてくれる。

江戸時代、まちの銭湯は、娯楽性のある憩いの場として、親しまれた。現代でも、温泉旅行は、日常生活から離れるという慰安的性格を持っている。近年は特に、クアハウスや都市部の温泉などの健康や癒やしの場が盛んである。

日常的にも、季節に応じた薬草湯などは癒やし効果があり、親しまれてきた。近年、沐浴剤は人気があるが、化学的な成分によって皮膚などにトラブルを生じることがあり、また浴槽の排水は、下水道の汚染につながることもあるので、十分な配慮が必要である。

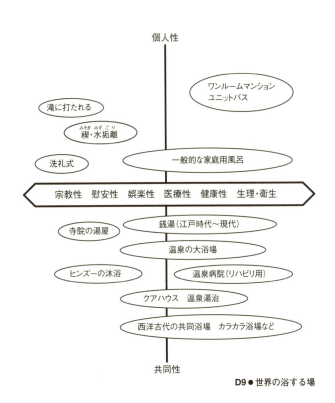

D9 ● 世界の浴する場

コラム ◉ 奈良時代・法華寺の浴室

奈良時代聖武天皇の后、光明皇后（701〜760年）は仏教に深く帰依し、貧窮者、孤児、病人などの庶民救済のための施設、悲田院と施薬院を建てた。天然痘が猛威をふるふるい多くの死者が出た際、后は、夢のお告げにより、浴室（蒸気導入方式）を建て、多くの人の施浴を仏に誓った。ちょうど1,000人目の病人は、皮膚もただれ膿が出ていたが、后は、自ら丁寧に入浴させた。その病人は、姿を変えた仏様で、后の願いは成就したという伝説がある。

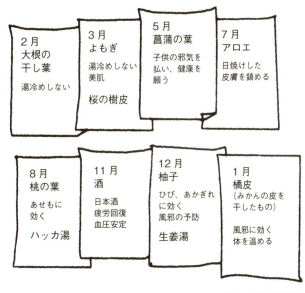

D10 ● 季節の薬草湯

3 排泄・入浴の様式

a 排泄の様式

● しゃがむ様式

古代から現代まで、日本人の排泄の姿勢は、しゃがむ様式であった。これは生理学的に理にかなった姿勢であり、人間にとって自然な下腹部の圧迫が、スムーズな排泄を促すといわれている。しかし、汚れや臭気が気になることもあり、また、高齢者や障がい者にとっては使いにくい。これらの問題は近年、上下水道の整備により水洗化が進み、洋式便器が普及したことで、かなり解消された。

▲ 洋式便器への移行

西欧では、洋式便器（腰掛け式）が早い時期から使われていたが、日本での普及は昭和30年代（1955～65）頃からである。当時各地に建設された日本住宅公団の集合住宅で洋式便器が採用されたこと、公共の下水道が整備されたことが相まって、一般家庭でも洋式腰掛け便器が急速に広まった。公共下水道が整備されにくい郊外や農山村でも個別に合併処理浄化槽を設置することで、水洗の洋式便器の普及が加速した。しかし、災害時や何らかの原因で停電が長引いた場合、その使用が不能になる問題も残る。

■ 公共トイレ

臭い・汚い・怖いの代名詞になっていた公共トイレだったが、近年は公共施設・商業施設などでは、清潔・快適・多機能になってきている。清掃管理も行き届いているところが多い。便器は洋式が主体であるが、和式も一部併設され、どちらかを選択できるようになった。また、高齢者、障がい者対象の「障がい者

	しゃがむ　和式便器	腰掛ける　洋式便器
姿勢	高齢者、障がい者には苦痛	疲労が少なく、楽な姿勢 足がしびれない
病気	痔疾、リューマチ患者には苦痛	脳卒中の危険性が少ない
性別	男子の小便器を別に設置	男女共用のため省スペース
清掃性	和式両用便器は特に、清掃が大変	やや楽
臭気	拡散しやすい	方式によるが、少ない
衣服	長いドレス、和服には不適	着脱がやや楽
皮膚接触	なし	他人との共用を嫌がる傾向もある
介助	しにくい	やや楽
共同便所	いまだに多用されている	清掃管理が重要

D11●しゃがむ様式、腰掛ける様式

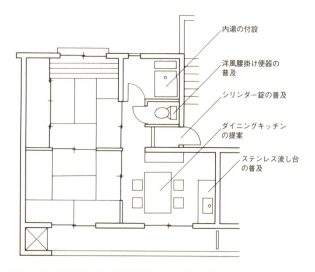

D12● 日本公団住宅（現・独立行政法人都市再生機構）が提案した生活様式（1960年代）

呼称は「だれでもトイレ」「障がい者用トイレ」「身障者用トイレ」「多目的トイレ」「みんなのトイレ」「多機能トイレ」など様々。
シンプルな機能で誰もが使いやすいトイレとなっている。

D13● 高齢者、障がい者のための公共トイレ

用トイレ」も、設置が義務化されるようになった。

b 入浴様式の変遷

明治時代以前では、上水道システムも未整備であり熱源の薪などの確保は重労働で、庶民の生活では、日常的に入浴することは困難であった。

● 自然の中での温水浴

労働の後の汗や汚れを洗うには、少量の水で洗浄するか、川や湖があれば、そこで水浴をした。温泉の近くに住む人々は、体を洗い、体を温め、その薬効成分の恩恵を受けられた。

▲ 個人風呂

個人風呂は、少量の湯による蒸気浴が一般的であった。狭い浴室や蓋付きの釜に入り、下部から立ちのぼる蒸気で、汗と汚れを浮き出させ、洗い場に出てから、汚れをこそげ落としていた。

■ 共同風呂

寺院の湯屋をルーツとする共同風呂は、江戸時代には銭湯として、娯楽的性格も備え親しまれた。人々は、入り口の狭いざくろ口に入り、少量の湯から蒸気が立ちこめたなかで、汗と汚れを浮き出させ、その後洗い場に出て洗い落とした。明治時代以降、不衛生なざくろ口、男女混浴が禁止され、上水道の整備で改良された銭湯は、明るい温水浴となった。現代では住居内浴室が一般的で、銭湯は減少しているが、代わって最近ではサウナ室、気泡浴などが楽しめる入浴施設が各所につくられている。

ふご風呂(伊賀)。底部の少量の湯による蒸気浴

戸棚風呂(佐渡)。戸棚内で蒸気浴

焚き口　洗い場

D14 ● 近世の個人風呂は蒸気浴

ざくろ口にはかがんで出入りしていた

D15 ● 江戸時代の銭湯は、蒸気浴であった
ざくろ口内で蒸気浴、洗い場で汚れを落とす

D16 ● 明治時代以降の東京の改良銭湯(江戸東京たてもの園・子宝湯)

C 現代の日本人の入浴

● 内湯の普及

上水道が整う明治・大正時代以降でも、銭湯は庶民の入浴施設として、親しまれた。しかし1960年代以降、公団住宅でも浴室が付設され、一般に内湯傾向が高まった。そして現代、都会のワンルームマンションにおいても、バスルームは、必要不可欠となっている。

▲ 入浴様式

私たちは、現在日常的に温水浴をしているが、それは、上下水道、都市ガスなどの都市のインフラ整備により可能となり、同時に給湯器の高機能化によるところが大きい。日本人の一般的な入浴様式は、洗い場で体を洗い、シャワーを使用した後、浴槽で熱めの湯につかる。その所要時間は平均15〜30分である。この入浴様式は、諸外国のそれとは、大きく異なっている。給湯設備の普及により、シャワー機器が手軽に使用できるようになり、若者を中心に、1年中、もしくは冬以外はシャワー洗浄のみという人々も多く見られる。

■ バスユニット

共同住宅や戸建て住宅でも、バスユニットの使用が定着してきている。階下への水漏れがない、現場施工の省力化、工期短縮による経済性、多様な種類が選択できる、窓なしの浴室も適しているなどの利点がある。しかしバスユニットは合成樹脂製のため、大型廃棄物としての将来的課題が残る。戸建て住宅では、石油系素材製品に頼らない、有機的素材の木やタイル、石などによる在来型の浴室の計画も見直されている。

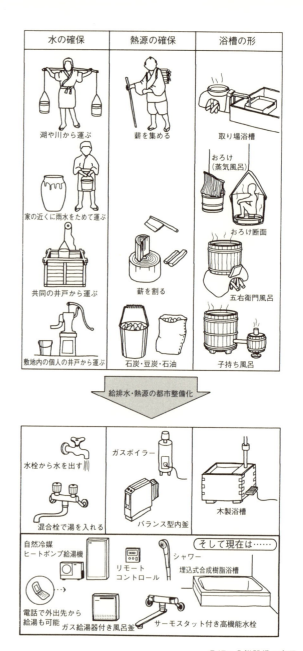

D17 ● 入浴設備の変遷

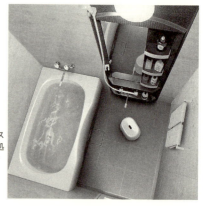

マンションタイプのバスユニット。廃棄時の処理法が課題であるが…

D18 ● バスユニットの内部

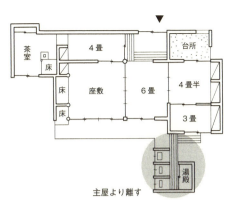

● 江戸時代　武家住宅
　岡山藩士樋口龍右衛門屋敷
　主屋より離す

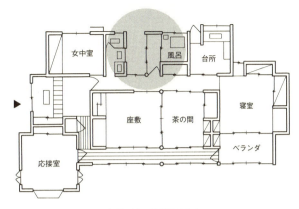

● 1928(昭和3)年　和洋折衷住宅
　中廊下の北に設備部分と使用人部分
　南は接客部分と居室があり、台所と便所を離す

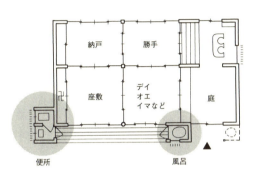

● 江戸末期〜明治時代　田の字型間取り　農家
　軒下に風呂桶を置く習慣の名残
　便所の排泄物は西日に当て、肥やしに使用すること
　もあった

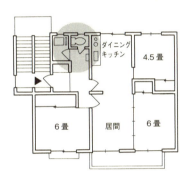

● 1965(昭和40)年　公団住宅(当時)
　設備部分の集中化
　水洗の洋便器の普及により、配置の自由度が増した
　量産住宅のコスト軽減

● 現在　民間分譲マンション
　ユニットバスの採用
　浴室換気暖房乾燥機併用
　設備のコンパクト化
　住居平面の中心にある設備(コアタイプ)

● 現在　独立行政法人都市再生機構
　高層マンション等にみられるサンルームバス
　高層住宅のサンルームバス
　景色を楽しむ浴室

衛生空間の位置は、離れ式から住まいの中心へ取り込まれるようになった

D19 ● 衛生空間の位置の時代による変遷

4 現代の衛生空間

a 健康への関心

健康であることは、私たちにとって、幸せな家庭生活の基盤である。住空間、衛生空間を考える際、生活の洋風化、設備機器、都市設備機能充実に支えられて、大きく進化してきている。

● 衛生空間の多様性

排泄・入浴は本来生理的な行為であるが、「癒やし空間」として注目されるようになった。また洗面所では、家族の健康チェック、化粧空間として多様な要求にこたえる場となっている。その結果、衛生空間は、家族の健康センターの場として位置付けられるようになった。

▲ 癒やし空間

温泉や薬湯の効能は古くから、人々に親しまれてきた。現代人は家庭でも多様な沐浴剤や気泡浴槽、スチーム機能のある浴槽、北欧で親しまれたサウナ（ユニット型が多い）などを使用して、血行促進や筋肉痛緩和などへの効果と癒やしの時間を楽しんでいる。

D20 ● 衛生空間の多様性と求められる機能

（竣工時）

いつの間にか →

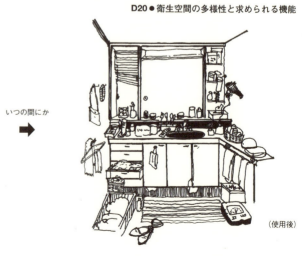

（使用後）

D21 ● 洗面台は物であふれる

b 快適性の追求

● 清潔性

衛生空間は特に清潔でありたいが、湿度も高く汚れやすい場所でもある。床、壁、天井は維持管理のしやすい仕上げ材料や仕上げ方法とし、便器、洗面器、浴槽などの設備機器は清掃の容易なものを選ぶ。

▲ 安全性

まず第一に、危険防止が重要である。介助に必要な乳幼児や高齢者が快適に使用するためには、給水栓、便器、浴槽、各種備品など、使いやすく安全なものでなければならない。また滑りにくい床や、介助のための広さの確保は、事故防止につながる。

■ 利便性

各種の設備器具の自動化が目覚ましい。便利であるが、複雑な機能に対しての誤操作や、故障による危険などの不便さも考慮しつつ、過剰設備にならないようにする。またトイレなどを自立して使用できることは、高齢者にとって尊厳を守ることにもつながるので、バリアフリー対策は慎重かつ長期的な視野で計画したい。

◆ インテリア性

衛生空間には、そこで必要とされる様々なものが置かれている。ものがあふれ乱雑な印象にならないよう、適切な収納場所を確保する。また見えるところに置かれるものは色彩のコーディネートやデザインの統一を図るなどして、美しく楽しいインテリア空間にしたい。

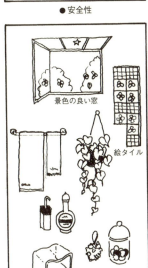

D22 ● 快適な衛生空間の追求

コラム◉宇宙船では？

宇宙船内は無重力なので、まず便座に座って体をシートベルトで固定してから用を足す。便器内は真空になっていて、排泄物が、便器内で飛び散ったり、体(お尻)にまとわりつかないように、速やかに吸引して乾燥させ、地球に持ち帰る。小便は便器の横にあるホースのような管を使用して吸引してから、その後浄水する。

打上げや大気圏突入時、宇宙遊泳時はトイレは使えないので、採尿袋を装着したり、おむつを使用する。洗面、入浴も水は使えないので、ドライシャンプー等を使用後、濡れタオルで拭き取る。

5 衛生空間の計画

a 様式の選択

● 便器

洋式便器——動作の容易さ、においの少なさ、清掃管理のしやすさ、インテリア性などから、多くの家庭に普及している。また、高齢者や障がい者にも、しゃがむ和風便器より使いやすい。しかし男性の多い家庭では、男性用小便器を別に設置すると、清掃管理がしやすく、床・壁を清潔に維持できる。

節水便器——1回の洗浄水が平均5ℓなので、従来型(13ℓ)より水の使用量が半減する。

温水洗浄便座——日本では一般的であるが、欧米ではあまり使用されていない。幼児期では洗浄便座に頼らず、自分で後始末ができるようにしておく。近年、洗浄便座の多機能化、自動化(便座の開閉、自動洗浄など)が目覚ましいが、緊急時、停電時の対応が課題である。

出入り口扉——トイレの扉は、原則として外開きか引き戸とする。内開き扉は、非常時救出の際、病人の体が扉に当たり、救出できないことがある。また外部からコイン等で解錠できる非常装置付き錠を採用する。

▲ 浴槽

大別すると、和風、和洋折衷、洋風と3タイプあるが、足が伸ばせてくつろげる和洋折衷型が多く採用されている。素材としては、強化プラスチック、ホーロー、木製、タイル貼りなどがあるが、タイル貼り以外は、工場であらかじめ、製造して建築現場に設置される。気泡浴槽、半身浴槽、複数人で入浴する円形型に近い変形浴槽などもある。

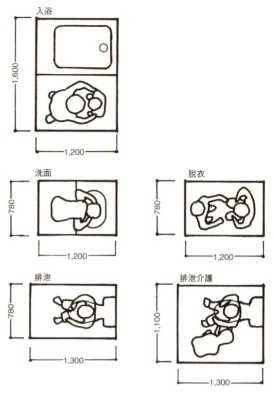

D23 ● 衛生空間での介助最小限スペース

和風浴槽
長さは短いが深くて首までつかる。
出入りが困難

和洋折衷浴槽
長さ、深さに多少余裕があり、和洋の両方の長所を持つ。日本で一番普及している

洋風浴槽
手足をゆっくり伸ばせるが、ずり込みに注意。
ホテルに多い

● 浴槽の種類

浴槽縁の高さは400mm基準とする

浴槽の底と、洗い場の床の高さに大きな差があったり、縁の幅が厚いと、体が不安定になり危ない

● 浴槽の縁の高さ

D24 ● 浴槽

b スペースの設定

●衛生空間の位置

　トイレ、浴室、洗面所は、家事管理上、主な階（居間、食堂、台所のある階）にまとめて配置されることが多いが、それは給排水、給湯の配管工事の合理性、維持管理の容易さのためである。しかし、上下水道の完備、給湯器の高性能化などにより、場所に制約されることなく、2階の寝室近くや庭の眺めを楽しめる場所などに自由に配置することも可能である。

　浴室、洗面所、トイレの3室の結合、分離の方法は、住宅全体の広さ、家族構成、年齢、暮らし方により選択する。

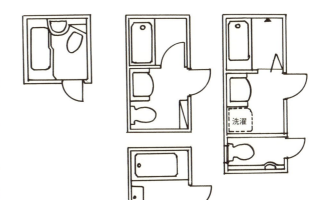

- ●1室タイプ
  単身者住宅向き。
  最小限スペース。
  脱衣は別室
- ●2室タイプ
  少人数住宅向き。
  トイレ、浴室の同時使用可
- ●各室独立タイプ
  日本住宅の基準タイプ。
  独立性、同時使用可。
  洗濯機を洗面所に設置する例が多い

D25●衛生空間の構成

▲バリアフリー

　高齢者や障がい者にとって排泄と入浴は、その尊厳を守るという意味から自立して使用できるようにする。手すりの取り付け、床の段差解消、引き戸扉への改修など使用者の視点から計画することが大切である。各人の体の現状を把握し、残存能力の維持を考慮して、適切な計画、改修を実施するようにする。

　トイレ、浴室の清掃は担当する者の負担を考慮する。例えば、浴室の床面にすのこを敷くことは、掃除、日干し乾燥、すのこの着脱がかなりの重労働になる。清掃管理の容易さは、清潔な場として維持するためにも重要である。

　介護保険対象の住宅改修では、上記を踏まえ、その自立支援という意味で、改修は重要である。福祉用具との組み合わせで、自立した生活の確保が望ましい。風呂用の椅子、ポータブルトイレ（夜間使用）などは、補助金付きの購入対象である。

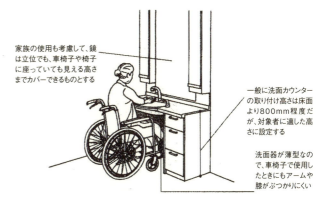

家族の使用も考慮して、鏡は立位でも、車椅子や椅子に座っていても見える高さまでカバーできるものとする

一般に洗面カウンターの取り付け高さは床面より800mm程度だが、対象者に適した高さに設定する

洗面器が薄型なので、車椅子で使用したときにもアームや膝がぶつかりにくい

椅子や車椅子に座って、洗顔や歯磨きなどができる洗面カウンターも多く市販されている

D26●介助のためのスペースの確保

跳上げ式かスライド式の可動手すり

D27●便器まわりの手すり

C 衛生空間の室内環境

● 光と照明

- 窓は、できれば外気に面した窓をとる。
- 高い位置の窓は、室内を明るくするのに効果的である。
- 夜間、窓に使用者の影が映らないように、照明器具は窓近くに設置し、かつ使用者の手元の明るさを確保する。
- 照度は、各種器具の説明文の文字が読める、また便器の中が確認できる明るさにする。
- 化粧のための鏡には、前方上方からの照明が適切である。
- 照明器具は、防湿型とし、電球交換、清掃が容易であること。

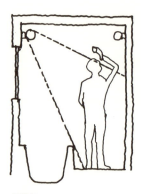

● トイレ
A：窓にシルエットが映る
B：シルエットは映らず、便器の中もチェック可能
C：シルエットは映らないが便器の中は影で暗い

● 浴室
窓の位置を高くして、照明を窓近くに設置すると、影が映らない

D28 ● トイレ、浴室の照明器具の取り付け

▲ 空気、熱

- ヒートショック──高齢者にとって、室温の急激な変化は体への悪影響となるので、各室間（居室・廊下・洗面所・浴室）の温度差を少なくするのが望ましい。
- 浴室換気暖房乾燥機は多機能で、便利である。窓なしの浴室では、特に必要となる。
- 換気扇は、室温変化が少ない浴室用熱交換器型換気扇もよい。
- 浴室天井は、水滴が体に落ちないように斜め天井にするか、結露防止用の浴室用天井材を使用する。
- トイレや洗面所に、においや湿気がこもらないよう小型換気扇を取り付ける。

自然給気＋排気なし
風通しが悪い

自然給気＋自然排気
風が通る

自然給気＋機械排気
衛生空間に有効な換気

D29 ● 換気は給気と排気でセットで考える

■ 水

- 浴室の床・天井・壁は、耐水性能がある仕上げ材とする。
- 洗面所、トイレの内装材は下地も耐水性（耐水合板下地など）にする。
- 水漏れ防止のため、２階以上の洗濯機置き場には防水パンを使用する。

● 原因
① 住戸境界の床版が共有であることの特殊性
② 生活時間のずれ
③ 騒音の感じ方の個人差
④ 騒音規制の法律の未整備

● 対策
① 住戸境界（床、壁）を厚く、重量のある構造材料にする
② フローリングは遮音性能床材とする
③ 上下左右の近隣関係と良好な関係の確立
④ 節度のある生活時間、使用時間を心掛ける

D30 ● 共同住宅の騒音トラブル

◆ 音
- トイレ、浴室、洗濯場が、居室と隣接する場合、各機器類は静音型を使用する。特に共同住宅では配慮する。
- 深夜の使用では、寝室と隣接する場合、給排水管に遮音材をあらかじめ巻く方法もある。

d 設備の計画と選択

● 給水・給湯

　住まいの上下水道設備の充実は、快適な生活の基盤であり、給水給湯は、適温で必要量の湯水が得られることが望まれる。さらに省エネルギーやコスト減、環境に配慮された高性能給湯機の採用が望ましい。熱源としては、都市ガス、電気、LPG（プロパンガス）、灯油、太陽熱などがある。

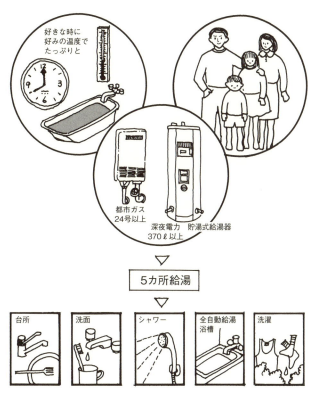

D31 ● 平均的家族の給湯計画

▲ 排水

　都市部では、衛生空間からの汚水（トイレ）、雑排水（風呂、洗面、洗濯など）は、公共下水道に排出され、汚水処理施設で浄化され、最終的には河川や海に流される。公共下水道が未整備の地域では、各戸に合併処理浄化槽を設置して、浄化が行われている。これは、トイレのみならず、すべての生活雑排水を浄化し、側溝に排水するか、敷地内の土壌に浸透させるものである。生活排水による河川湖沼の汚染防止のため、各自治体では、その設置を義務付けると同時に、助成金の制度を行っている。

- トラップ──洗面器や流しの排水口のすぐ下にあり、封水により下水道管のにおいの逆流、ネズミ、虫などの侵入を防止する。ほとんどの器具の排水口に付いている。内部の封水切れは、水を流し込んで回復させる。

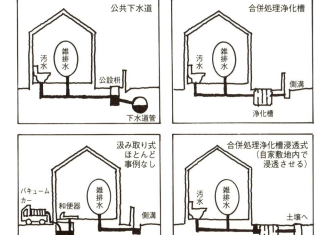

D32 ● 住まいの下水道

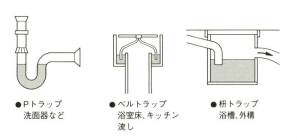

D33 ● トラップの種類

e 事例

●トイレ
①換気扇を設置する
②外気に面した窓が望ましい
③タオル、トイレットペーパーの収納場所を設ける
④暖房機を取り付けられるよう計画する（スペースとコンセント）
⑤高さ750～800mmのカウンターがあると、つかまるのによい
⑥花、絵などでインテリアを楽しむ
⑦介助スペースを考えて、出入口扉の幅、段差をなくしておく

▲浴室
①換気装置を付ける（天井付き）
②滑りにくい床材（タイルなど）を選定する
③床排水口を大きくとり、水勾配をとる
④安全で角の少ない各種器具を使用する
⑤窓をとるが、とれない場合は、天井付きの浴室換気暖房乾燥機を設置する

■洗面所
①タオル、石けん、洗剤などの収納棚を十分確保する
②介助スペースを考えておく
③洗面器のボウルを多少大きめにとれば、小物類の洗濯ができる
④タオル掛け、化粧品収納は、家族人数に応じて多くとる
⑤大きい鏡は、部屋を広く明るくする
⑥体重計は、下部スペースに収納すると邪魔にならない
⑦照明は、鏡前方上部に設ける

D34 ● トイレ

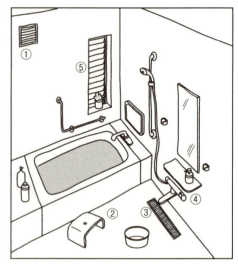

D35 ● 浴室

D36 ● 洗面所

f だれでもトイレ調査

● 公共施設のトイレを調査する

　高齢者や障がい者が自立して暮らすため、住まいとその生活圏に使用可能なトイレが設置されていることは、まちづくりの基本である。首都圏郊外某市でのトイレ調査によると、半数近くは自立歩行困難な車椅子使用者が使えない、あるいは不便という結果が出た。私たちが、外出先で公共施設、大型商業施設のトイレに駆け込んで、そのトイレが使えなかったらどうするか？　これは人権問題であり、社会的虐待ともいえる。最近では自治体や交通機関が「だれでもトイレマップ」を作製しているので、参考にするとよい。

▲ 最低条件は

　車椅子使用者にとって、トイレで「用を足す」ことが最優先、最低条件である。
① 入り口扉――有効開口幅は800mm以上、かつ操作が容易であること。電動扉は停電時、手動開閉するには重過ぎて操作不可能な場合がある。
② 便器の周辺――前方、側方からの便器使用を想定して、車椅子のスペースを確保し、便器横の手すりは可動跳ね上げ式（あるいはスライド式）にする。
③ 非常時通報――どこに通報されるのかを明示する。救急対策は施設の責任であり、定期点検を怠らないこと。便器への移乗の際、転落することがあるので、非常用押しボタンを上下2カ所に取り付け、床面から転落者の手が届くようにする。
④ トイレの管理者の明確化と維持管理（特に清潔維持）の容易さが望まれる。

清掃性・インテリア性に優れたトイレ

D37 ● 駅構内の「だれでもトイレ」

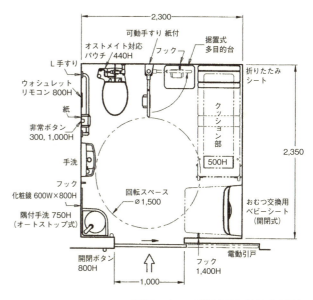

D38 ● 理想のトイレ。車椅子使用の女性からの提案

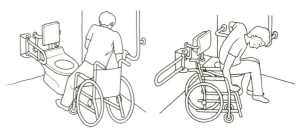

前方からアプローチする例　　側方からアプローチする例

D39 ● 車椅子から便座に移るときの動作

E ふれあう・くつろぐ

人は、家族をはじめ多くの人々と、関わり合い支え合いながら生きている。家族は住まいを中心に集いくつろぐなかで、愛情を確かめ、互いの理解を深めて相手を思いやる気持ちをはぐくみ、精神的な安らぎや充足感、喜びを得る。子供は、家族とふれあうなかで社会性を身に付けていく。また、隣近所や親類縁者、職場や学校、共通の趣味を通じての知人・友人との付き合いも心を豊かにする。しかし時代の変化に伴い、一人ひとりのライフスタイルは多様化し、大人も子供も忙しく時間に追われる日々のなかで、多くの人々に接する機会は増えたが、その関係は希薄になり、家族の間でもゆっくり語らい楽しむ時間は少なくなっている。しかも、家にいながら家族と過ごさず一人でいる若者が増えている。家族の形態も、これまでの血縁による核家族が標準ではなくなり多様化するなど、ライフスタイルや家族の変容は、住まいの計画に影響する。

家族の絆が弱まっているといわれる現代、家族が集い、ふれあい、くつろぎ、そして他人と交流する空間について、あらためて考えてみる。

1 今日のふれあいについて

a ふれあい・交流の大切さ

人は、一人では生きていくことが難しい。

人は様々な形で寄り合い、社会を構成し、その中で他の人々と直接的・間接的に関わって生きている。

直接会っての会話や手紙、電話、ファクシミリ、メールなどの通信手段を使っての会話、さらに、共にする食事や趣味などによって、人は互いの心を通わせ、生きる喜びや楽しみ、心の安らぎを得る。また、そうした交流から、知的・文化的刺激や、賢く生きるための生活の知恵や情報を得ている。

特に家族の間では、会話、表情、しぐさ、声の調子まで含めて、直接顔を合わせてふれあうことが精神的な安定の基盤となる。子供は親との何げない会話のなかから、その家庭の文化を受け継ぐと同時に、基本的な生活習慣や命の大切さ、相手を思いやる心、感謝の気持ちなど、人として必要な人間性や社会性を身に付け、精神的に豊かで、バランスのとれた社会人として成長していく。

E1 ● 大きなテーブルを囲んでの家族のふれあい

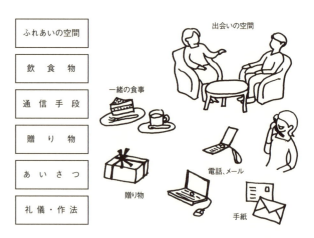

E2 ● ふれあいを円滑にする要素

b 家族のふれあい・地域の交流

● 減り続けている家族のふれあい

世論調査（2015年）によると、家庭を家族の団らんの場、休息・安らぎの場、家族の絆を強める場であると考えている人々が多い。しかし現実は、親子のふれあいが大切な子育て期の家庭でも、単身赴任や、長時間勤務による生活時間のずれなどから、親子の接触がきわめて少ない例も多い。また、学齢期の子供たちも、放課後をクラブ活動や塾、稽古事に費やし、家族との時間を持てないでいる。さらに、インターネットやテレビゲームなどの利用時間の増加も、家族とふれあう時間を阻害しているといえる。

▲ 家族形態の変化とふれあい

高齢化、少子化、晩婚化の進むなかで、世帯は小規模化し、単身世帯が急増している。特に一日中誰とも会話することなく過ごしているひとり暮らしの高齢者の増加は大きな問題である。これからの時代、家族間だけでないふれあい、世代を超えた多様なふれあい、交流の場となる地域施設の充実が一層求められる。

● 地域の交流

昔は、都市でも農村でも冠婚葬祭をはじめ、仕事や生活の細部まで様々な付き合いがあった。家の前の小路も近所付き合いや子供の遊び場になっていた。しかし、今日、特に都市においては住民の入れ替わりも激しく、近隣の交流は希薄になり、地域に無関心な人や、交流を嫌う人々が増えている。

また、女性の就業や社会活動の増加に伴い、日中留守の家庭が増えたことも地域の交流を希薄なものにし、このことは防犯や災害時の対策上、大きな課題となる。

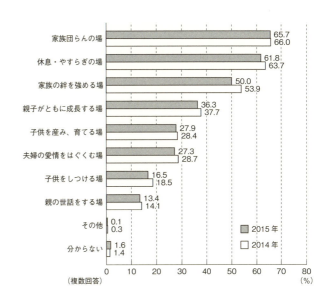

E3 ● 家庭の役割について

E4 ● 地域の付き合い

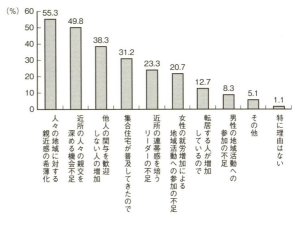

E5 ● 地域のつながりが弱くなった理由

2 ふれあい・くつろぎ空間の歴史

a 農村の住まいと交流の空間

農村の生活で大切なことは、農業の生産性を上げることであった。日常生活と生産活動が一体となった農村の住まいは、土間空間と板の間と畳の間で構成されていた。

● 土間・縁側

土間には炊事用のかまどがあり、地方によっては馬や牛も同居する家畜小屋を兼ねることも多く、雨の日の作業場でもあった。また、縁側は収穫した穀物や野菜を干すなど作業の場であり、これらの場所では、作業をしながらもごく自然に家族や村の人々との交流があった。

その後、土間での作業は屋外で行われるようになり、土間には板床が張られ、家族の居間や食事室に変わった。縁側にはアルミサッシが入り、カーテンが引かれるなど都市の住まいと変わらなくなっている。

▲ 囲炉裏端

土間に続く板の間の囲炉裏端は、家族が食事をし、繕い物などをする唯一のくつろぎの場であり、同時に村の人々がいつでも気軽に立ち寄ることのできる外に開かれた交流の場でもあった。

■ 人寄せの座敷

農作業を共同して円滑に進めるには、村での付き合いは大切なものであった。

住まいには冠婚葬祭、年中行事、村の寄り合いや農閑期の人寄せになくてはならない部屋として、床の間を設けた座敷があった。農作業と接客、その両者を併せ持つのが農村の住まいであった。

農家の平面形式として東日本では「広間型」西日本では「四つ間取り型」が多い

E6 ● 広間型農家の平面図

E7 ● 土間、囲炉裏端での交流

E8 ● 農家の床の間がある座敷

b 都市の住まいとふれあい空間

●茶の間と接客の場

明治時代、都市の中産階級である給与生活者の住宅は武家の流れをくむもので、家族の日常生活空間よりも家父長と接客のための空間が重視されていた。

そのため、住まいの中で日の当たる明るく快適な位置には床、棚、書院を設けた客座敷と次の間が、日の当たらない北側には、台所や家族の食事とくつろぎ・団らんの場である茶の間が置かれた。また、上流階級の洋館を簡略化した形の洋間の応接室兼書斎を玄関脇に設けた和洋折衷の様式もつくり出された。

大正時代になると、家族生活の重視とプライバシー意識の芽生えから、部屋の通り抜けという欠点を改良した中廊下型住宅が登場し、昭和戦前までの都市の中流住宅の平面型として一般的なものとなった。

玄関脇には洋間の応接室、中廊下の南側には客間や茶の間、北側には女中室や台所などの水まわりを配するなど、接客重視の伝統は残しつつも、茶の間は明るく日当たりの良い南側に置かれた。そこに家族が集い、くつろぎ、食事をし、子供は遊び、勉強をし、親しい人を招き入れた。一方、都市の労働者の多くは、借家の長屋などに住んでいた。そこは寝食のための4.5畳か6畳ひと間に台所で、トイレ、井戸は共同といった、貧しいものであった。

▲縁側

多くの住まいにあった縁側や濡れ縁は、夏は夕涼み、冬は日向ぼっこなど家族がくつろぎ、子供が遊ぶ場であり、親しい客や近所の人が直接顔を出し、茶飲み話をする外部に開放的な空間であった。しかし今日、敷地狭小化や防犯上からも、このような空間を設けることは少なくなっている。

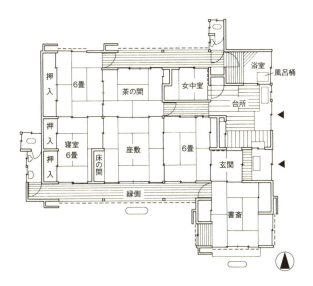

E9●明治時代の続き間のある中流住宅
（愛知県犬山市の明治村にある森鷗外・夏目漱石の家）

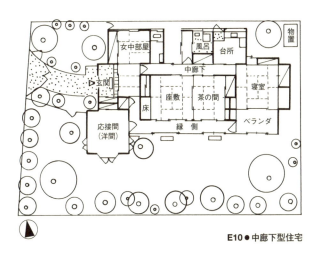

E10●中廊下型住宅

E11●縁側

C 茶の間からリビングルームへ

● 椅子式生活の奨励

　大正時代には、衣食住など日常生活全般にわたって合理性・機能性を重視する風潮が高まり、洋風住宅での椅子式生活が奨励された。また、大正デモクラシーの影響もあり、住まいは家族生活を中心とする場として認識されるようになった。「住宅改良会」の懸賞設計でも、台所と椅子式の食堂を南面に配し、家族全員の個室を設けた案が入選している。しかし、家族中心の住まいが一般化するのは第2次世界大戦後である。

▲ ダイニングキッチン、リビングルーム

　昭和30年代になり、住宅公団（現・独立行政法人都市再生機構）は、狭い面積の中で食寝分離を実現したダイニングキッチン（DK）型平面を採用した。新しい家族像のイメージをつくり出したDK型平面はその後、都市から農村まで全国に普及し、家族の食事・団らんの空間は床座の茶の間から椅子座のダイニングキッチンに移った。

　その後の住宅規模の拡大に伴い、家族生活中心のLDK型平面が登場し、戸建ての都市住宅でも、椅子式の居間（リビングルーム）が家族のくつろぎ・団らんの場所となった。しかし当初は、応接セット、飾り棚、ステレオ、ピアノを並べ、応接室のように扱われていた。

　その後、リビングルームのテレビを中心に家族が集うようになったが、今日ではテレビも家族を引き寄せる要素ではなくなり、家族が個人の集合体のようになってきた状況のなかで、リビングルームをはじめ家族のふれあいの場のあり方が問われている。

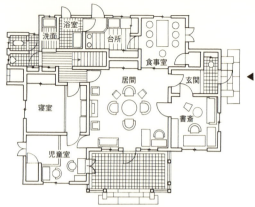

生活改善同盟会モデル住宅（居間中心型）
1922（大正11）年平和記念東京博覧会出品作品

E12 ● 住まいの中心に置いた椅子式洋間の居間

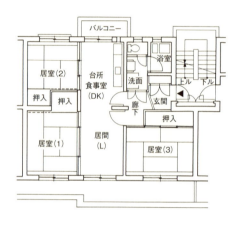

E13 ● 住宅公団3LDK（住宅公団標準設計平面図、1967年、66㎡）

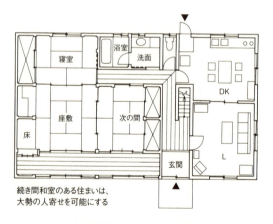

続き間和室のある住まいは、大勢の人寄せを可能にする

E14 ● 地方都市や農村部での続き間和室を持つLDK型住宅

E15 ● 玄関近くに応接室を兼ねたリビングルームのある都市住宅
（住宅メーカーの標準プランより、1980年代）

3 今日のふれあい・くつろぎの空間

ａ 居間（リビングルーム）

●居間での生活行為

居間は、家族が集い、くつろぐ場であり、外から訪れる人を迎え入れる場でもある。そこでの過ごし方は、家族の年代や、ライフスタイルによって異なる。食事をしながらのおしゃべり、テレビを見る、親子が一緒に遊ぶ、新聞や本を読む、音楽を聴く、洗濯物をたたむ、アイロンを掛ける、書きものをする、パソコンに向かう、趣味、昼寝、ただぼんやりくつろぐ、接客など様々である。また小学生の子供は、ここで勉強をし、父親は持ち帰った仕事をすることもある。

このように同じ空間にいながら、それぞれに別のことをしていても、家族は互いに気配を感じながら心を通わせ、そこに会話が生まれる。したがって居間には、様々な行為を可能とする空間の広さが望まれる。

▲自由な居間の形

居間はソファやテレビ、ピアノ、飾り棚、音響機器などのある洋室という固定観念を持たれがちであったが、狭い部屋に、こうした大型の家具類を持ち込んで生活するとそれらが邪魔になり、伸び伸びした自由な動きができなくなる。椅子を用いず床に直接座ったり、洋間の掘りごたつという住まい方もある。また床の一部を低くしてラウンジピットとし、高い部分を椅子代わりにする使い方もある。

休息用の椅子はセットされたものにこだわらず、家族それぞれの体形に合ったものを選びたい。

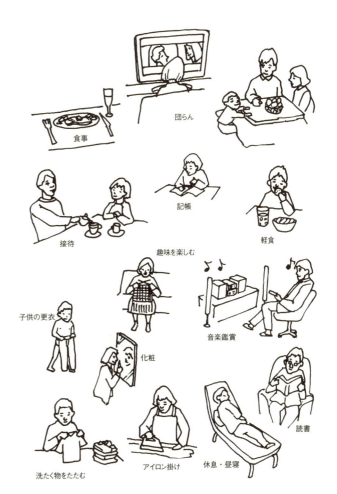

E16 ● 居間での生活行為

E17 ● 椅子を用いずに床にラウンジピットを設けた居間

b 多様なふれあいの場

● 食事の場での団らん・くつろぎ

家族は生活時間がばらばらであっても、食事は似かよった時間帯に食べることが多く、特に子供が幼い時期には、家族は揃いやすい。たとえ家族が全員揃わなくても、食事を用意している親の周囲は、会話の中心となることが多い。

また、食後もそのまま食卓まわりがくつろぎや団らんの場となる。したがってそこは、広くゆったりした居心地の良い空間であると共に、それぞれの趣味や作業のための道具などを広げることのできる大きな食卓や、楽な姿勢のとれる椅子、十分な収納棚などを備えておきたい。

▲ ふれあいの場をつくる工夫

住まいの様々な空間を家族のふれあいの場にすることもできる。例えば家族皆で料理づくりができるオープンキッチンを居間に続けて設けたり、居間の中や家族が頻繁に通る廊下にアイロン掛けコーナーや共通の本棚を設けたり、玄関から子供部屋に行く動線が必ずリビングを通るようにするなど、家族同士が出会う機会をできるだけ多くつくる工夫をする。

また、リビングに続く畳敷きの部屋も、家族が近い距離で一緒にいながら、休息したり、洗濯物をたたんだり、子供がおもちゃで遊んだりと自由に使えて家族のふれあいの場となる。

さらに、玄関を靴脱ぎの場としてだけでなく、土間部分を広くとってテーブルや椅子を置き、近隣の人々との交流の場としたり、居間の延長として外部にデッキを設けて、そこを交流の場にすることもできる。

E18● 調理の場での親子のふれあい

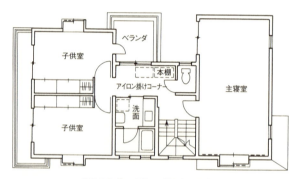

家族は必ずここを通り、顔を合わせる機会が増える

E19● 洗面所前の廊下にあるアイロン掛けコーナーと本棚

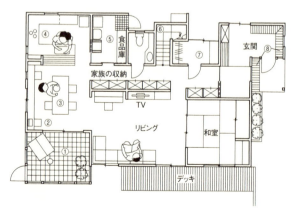

① テラスで花を育て犬を飼う
② パソコン情報コーナー
③ 家族の集まる大きなテーブル
④ 対面型キッチン
⑤ 調理と同時に洗濯できる家事室・食品庫
⑥ 子供の動きが分かる階段位置
⑦ 家族共通の着替え室
⑧ 玄関内外の簡単に応接のできるベンチ

E20● ふれあいの場をつくる工夫のある住まい

●ペットとのふれあい

　ペット（主に犬、猫）は私たちにとって癒やしの効果があり、家族の一員として暮らす人々が増えている。

　そのため、室内で飼育する人々も多くなり、禁止されていた集合住宅でも、近年「ペット可」とする例が増えてきている。

　ふれあう機会を増やすためには、ペットの居場所をリビングルームから目の届く場所に設けることが望ましい。また、人とペットとが互いにストレスなく楽しく過ごすためには、住まいの側の工夫も必要となる。散歩から帰ってきた犬の足の洗い場、掃除や換気のしやすいトイレ、糞尿や食べ残した餌の悪臭の対策、傷つかない床や壁の仕上げ材料、高い場所を好む猫のための居場所づくりほか、様々な工夫や配慮が求められる。

■緑とのふれあい

　人は緑や花に接すると、気持ちがリラックスし、くつろぎ、癒やされる。庭やベランダで植物を育てたり、室内に観葉植物を置き楽しんだりすることは、人々の生活に豊かさを与えてくれる。庭のない都市の住まいや集合住宅では、緑とふれあえるデッキやベランダを積極的に計画しておくことが望まれる。

▲近所の人とのふれあいの場

　家が片付いていない、部屋を見られたくないと、他人を自宅に入れたがらない人が多くなっている。しかし少子高齢化の時代、高齢者にとって、住み慣れたわが家にいて、近所の人々とつながっていることは、突然の困りごとが起きたときなどに安心である。心を開き住まいを開くことがますます、大切になってきている。

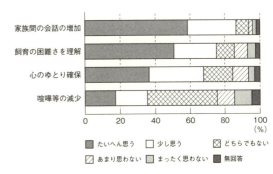

E21●家族間におけるペット犬の効果

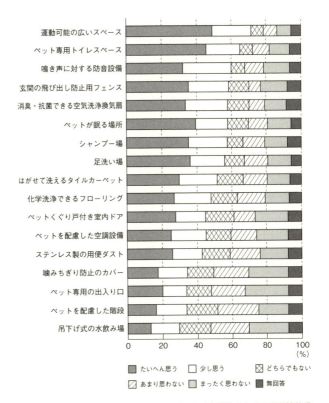

E22●ペット犬と暮らすための住環境整備

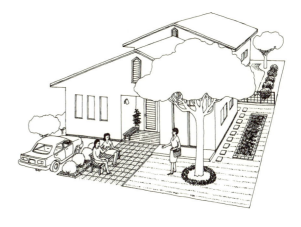

E23●ベンチを置いた玄関ポーチ
買い物帰りや散歩の途中での近所の人々とのふれあい

4 居間の計画

a 住まいの中での位置

● 他の部屋とのつながり

居間は来客を迎える場でもあるため、玄関から他の部屋を通らずに入ることのできる位置が望ましい。また、家族がごく自然に顔を合わせやすい位置であることや、特に子供の部屋との連絡の良さは大切である。子供部屋が2階の場合は、吹抜けでつなげるなどの工夫もある。

くつろいでいるときや、接客時の飲食のサービスには、食事の場や台所とのつながりの良さも考慮する。

玄関から他の部屋に行く動線が居間を通る場合は、くつろぎの座の中を横切らないよう出入り口の位置を十分検討する。

▲ 日当たり、風通し、明るさ

家族が過ごす時間の長い居間は、日当たり、風通し、明るさなどの自然条件を上手に取り入れて、快適にする。

窓の位置は室内への日当たりや窓前の眺め、開放感を考えて決めるが、南に面した窓からは冬の日差しが室内の奥まで入ると暖かい。また、風の入る窓の反対側に風の出口を設けると、夏は風が部屋を通り抜けて気持ち良い。ただし、都市の住まいでは隣家が接近している場合が多く、日照や明るさがとれないことが多い。そうした場合には中庭を設けたり、居間を2階に設けることで、日当たり、明るさ、風通しなどを得ることができる。

2階は高く変化に富む天井や、天窓からの明るさや大きな窓からの眺望を楽しむこともできる。天窓は、同じ大きさの側窓に比べてより多くの明るさを得ることができる。

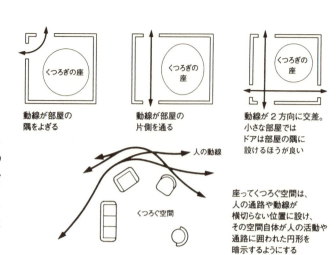

E24 ● 居間の動線

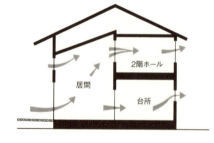

E25 ● 風通しの良い居間の計画

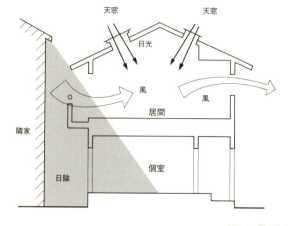

E26 ● 2階の居間

b 居間、食事の場、台所のつながり

居間（L）、食事の場（D）、台所（K）は、基本的にはそれぞれ独立した単位の生活空間である。その相互の組み合わせ方によって空間の特徴は異なってくる。

● LDK型（L・DK型、LD・K型）

L、D、Kを区切らず空間を共有すると、スペースが節約できると共に、広々とした空間を得ることができる。最近は、家族のふれあいを目的にアイランド型キッチンを設置した例が多く見られる。しかし、調理時の音・におい・煙や機器の運転音、散らかったままの調理器具が家族のくつろぎや接客の妨げにならないよう、設備機器の選択や収納設備の充実に配慮する。

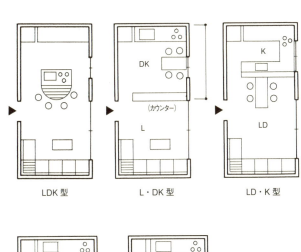

▲ LD+K型（L・D+K型）

Kを分離し、LとDを同一空間としたもので、LD空間は広がりと落ち着きのある雰囲気を演出できる。またLとDの間に簡単な仕切りを設けて、来客時の接客空間をつくることもできる。

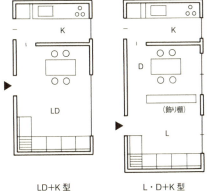

■ L+DK型（L+D・K型）

Lが、DK空間と完全に分離されている場合、家族の団らんやくつろぎは主にDKで、Lは接客や趣味室として使うことができる。その場合はDKをゆとりある空間にする。

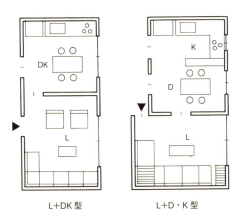

◆ L+D+K型

それぞれが独立しているため、Lを接客空間としても整えられる。しかし、快適に住むにはそれぞれの空間に十分なゆとりが必要である。

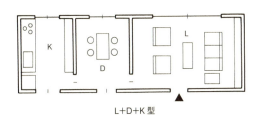

E27 ● LDK空間の型

C コミュニケーションの位置関係

●コミュニケーションの距離

私たちは互いにコミュニケーションを図る場合、相手との関係や会話の内容、人数などを考慮して、適切な距離をおいたり、向き合う角度を変えたりする。文化人類学者のエドワード・T・ホールは、コミュニケーションに関わる距離についてアメリカ人を対象に研究し、密接距離、個体距離、社会距離、公衆距離の四つに分類した。

E29は環境心理学者ロバート・ソマーによる行為別の着席位置の比率を示したものである。これによると人は会話をするときは、互いの距離が近く、自然に顔が見える位置に座るが、対立関係にある場合には、距離をおいて向かい合って座ることが分かる。これらの寸法は国民性、文化、性別などにより異なるが、このような人間の心理を参考に、居間での座の設え方を考えてみることができる。

▲会話・視線と座の配置

居間での座の配置は、部屋の広さ、出入り口の位置、造り付けの家具やテレビなどとの関係、そして、視線の向きや会話のしやすさを十分に考慮して、計画の最初の段階から考えておく。

対向型、囲み型は視線がぶつかり合う会話重視の座の配置であり、L字型やコの字型は座が囲まれず、視線が外に広がりやすい開放的な配置である。

家族が何となく集い、テレビを見たりそれぞれのくつろぎ方をする居間での椅子の配置は、対向型よりもL字型のほうが、座った前方に空間の広がりができてゆとりを感じる。また、壁から離して部屋の真ん中に対向型、囲み型に椅子を配置するとあらたまった感じになる。

①密接距離　45cm以内で親密な間柄の人間同士の場合にとられるふれあえる距離

②個体距離　45〜120cmで仲の良い友人などの間でとられる相手の表情が分かる距離

③社会距離　120〜360cmで個人的な関連のない人同士の間で普通の声で話し合える距離

④公衆距離　360cm以上で講演など一方的に伝達に用いられる距離

E28●コミュニケーションの距離
（エドワード・T・ホール『かくれた次元』より）

行われる行為 \ 着席位置の型	●□●	●□ ●	● □ ●	□ ●●	●□ 　●	● □ ●	合計
会話	42	46	1	0	11	0	100
協力	19	25	5	0	51	0	100
同時作業	3	3	42	32	7	13	100
競争	7	42	20	5	8	18	100

E29●行為別の着席位置の比率（%）

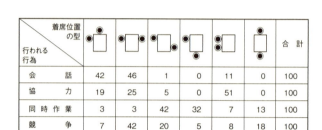

E30●座の平面パターンと会話・視線計画

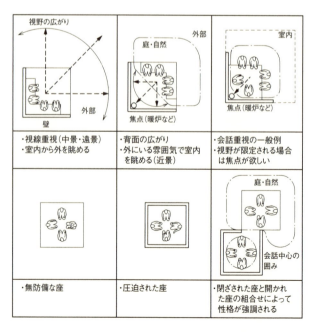

E31●座と周囲の関係

■ 座の配置とスペース

　椅子を配置する場合、置く椅子の占めるスペースのほかに、周囲に通路やサービス用のスペースが必要になる。例えばソファの前にティーテーブルを置く場合は、人の出入りのための空き寸法が必要である。こうしたスペースが十分に用意されず、家具だけで埋まってしまったような部屋は、息苦しく使いにくい。

　その点、床座式の部屋は椅子を用いないため、狭い面積で同じ機能を果たすことができる。椅子を置く場合は、部屋の大きさに合わせて、その種類や数を決めるようにする。

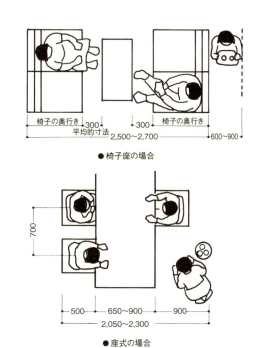

E32 ● 座の周辺に必要なスペース

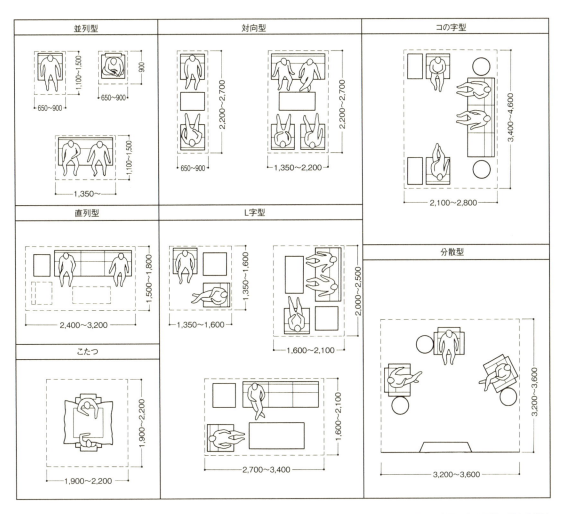

E33 ● 団らん空間の家具配置の型と空間量

d くつろぎ空間の計画

● くつろぐ姿勢

人がくつろぐ姿勢には、ソファなどの椅子に座る、何かに寄り掛かって足を伸ばして座る、寝転ぶなど様々ある。特に寝転ぶ姿勢は、最も体が楽であるため、ソファの上に横になったり、畳の上にごろ寝をしたりすることもある。室内に外靴のまま入る欧米の住宅では床に寝転ぶことはしない。そのため居間には寝椅子などが置かれていることがある。しかし靴を脱ぐ習慣のある日本では、椅子がある洋間であっても、床にじかに座ったり寝転んだり、こたつを置いたり、ホットカーペットを敷くなどして、様々なくつろぎの姿勢をとることができる。

▲ くつろぐ姿勢と視点の高さ

視点の高さは、くつろぐ姿勢で異なり、視点が低くなるほどくつろぎ感は増す。休憩用の椅子に座るか、床に座るか、寝転ぶかなど、くつろぐ姿勢を考慮して、天井の高さ、窓の位置、家具の高さなどを決めることは部屋の心地良さや広さの感じ方に関係してくる。椅子座の場合は、腰壁のある窓でも視線は外部に広がるが、床でくつろぐ場合は、窓は床近くまで開け、家具も低くすることで視線が遮られず圧迫感がなくなる。

和室の地窓や小ぶりの家具は、日本の床座生活が生んだ知恵といえる。

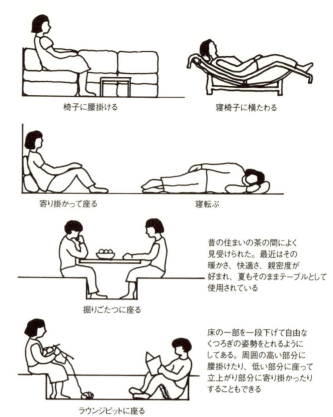

E34 ● くつろぐ姿勢

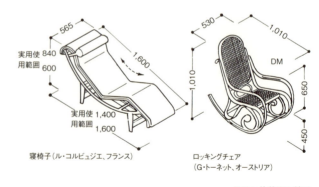

E35 ● 休憩用の椅子

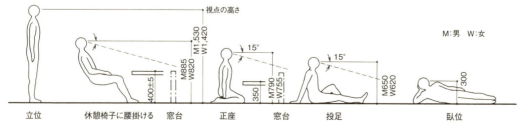

E36 ● 姿勢と視野

■ 休息用の椅子

　休息用の椅子は、人間工学の研究によるとE37のような角度に体の姿勢が保たれるものが適している。居間には、見た目に豪華な応接セットなどが選ばれることが多いが、何よりも長時間座っていても疲れないことを第一に選ぶ。座面が高過ぎない、奥行きが深過ぎない、背もたれが柔らか過ぎないことも疲れない条件である。

◆ 居間の照明は1室多灯

　居間の照明は、そこで行われる様々な生活行為に合わせて調節できることが望ましい。部屋全体を明るくする全体照明のほかにスポットライト、ブラケット、可動式のスタンドなどの補助照明を設けておくことで、一人でくつろぐときは静かで落ち着いた雰囲気を、友人たちとにぎやかにおしゃべりを楽しむときは、活気ある明るい雰囲気を、というように空間の演出ができる。照明の光の色は、温かみのある色が落ち着く。

● 居間の収納

　居間が心地良く、様々な生活行為を円滑に行うためには、物が片付いた空間でなければならない。そのためには、居間での生活に必要な物、例えば書籍、筆記用具、ゲーム用品、おもちゃなどを整理・収納する収納棚を手近に用意しておく。収納家具の高さは、座ったときの視線より低く計画すると、圧迫感を感じない。

　また、暖冷房機器やオーディオ用品などは、収納家具の中に組み込むことで壁面がすっきりする。

　テレビや収納家具の位置は、居間での人の動きを考えて、邪魔にならない位置に計画しておく。

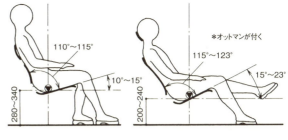

E37 ● 休憩椅子の支持面

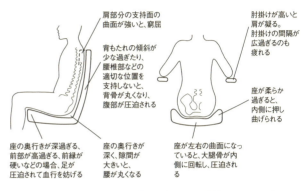

E38 ● 椅子の座り心地に関するチェックポイント

E39 ● 居間の照明

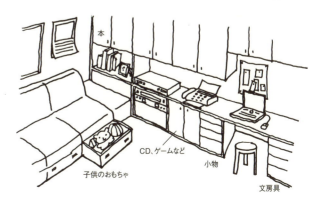

E40 ● 居間の収納

e 事 例

○ 玄関に近隣の人々との
　付き合い空間のある住まい

設計：独楽蔵（担当：星野厚雄・中山秀明）
敷地面積：911.08 m²
建築面積：181.79 m²
延べ床面積：163.42 m²
構造：木造平家建
家族構成：夫婦＋子供2人

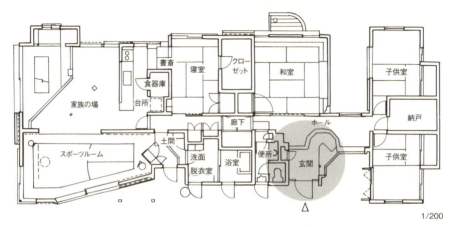

1/200　　E41

○ 床座でくつろぐ

設計：椎名英三建築設計事務所
敷地面積：292 m²
延べ床面積：89.64 m²
構造：木造平家建
家族構成：夫婦＋子供3人
外の部屋：板敷き。すべての部屋と結ばれ、
一体化した空間となっている。

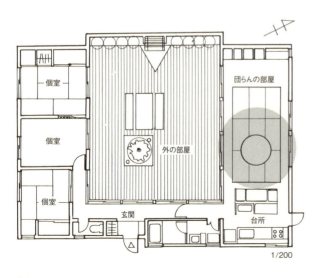

1/200

E42

○ 床座と椅子座を大きなテーブルで
　つなぐ

設計：渡辺武彦建築設計事務所
敷地面積：488.36 m²
延べ床面積：199.74 m²（2階64.59 m²を含む）
構造：鉄筋コンクリート壁式構造
家族構成：夫婦＋子供2人
LD：約30畳敷き。リビングコーナーは
床を一段上げて自由に
座れるようになっている。

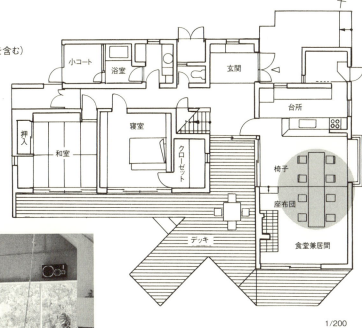

1/200

E43

○ L字型に家具を配置した落ち着きの
　ある居間

設計：林　雅子
敷地面積：166 m²
建築面積：81 m²
延べ床面積：76 m²
構造：木造平家建

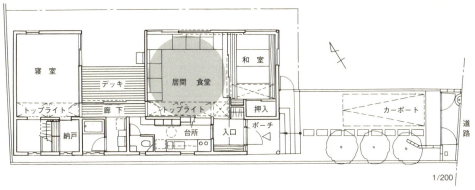

1/200

E44

F 子供を育てる

子供は家族の一員として両親をはじめとする家族の中で保護と支援を受けて成長する。家庭は子供にとって最も身近で重要な生活の場であり、子供はここで家族の愛情を受けながら一人の人間として知識や技術を習得していく。子供が最初に出会う家族と住まい、それをとりまく周辺環境のありようは、子供の人生を左右する。憲法の精神にのっとった「児童憲章」では、児童は人として尊ばれ、社会の一員として重んじられ、良い環境のなかで育てられることをうたっている。また、1994年に日本も同意した世界憲章「子どもの権利条約(1989年)」では子供の生きる権利、育つ権利、守られる権利、参加する権利を保障している。
ここでは、子供の成長過程を注視しながら、子供が望ましい状態で育つための住まいと環境のあり方について考えていく。

1 子供とは

a 子供の概念

生まれてから死ぬまで、人間は休むことなく身体的・精神的変化を続けている。その過程のなかで、何歳までを「子供」とするかは、身体的な成熟度と共に、その歴史的・文化的な見方とも関わりがあり、必ずしも明確ではない。

日本においては一般的に、学制を基準にした成長段階を用い、一人前の成人として社会的に認められるのは、20歳以上(2018年現在)であり、それ未満は、子供として扱われている。

未成年者は飲酒や喫煙が許されていないが、健康上の影響が大きい、判断力が未熟であるなどの理由からである。

さらに、種々の法制度上から見ると、子供の年齢区分は複雑に規定されており、同じ子供という言葉の定義についても様々な年齢の幅がある。

社会的・文化的立場に基づいての子供の定義の一つとして、「親」に対応する「子供」がある。家庭では、子供は親から知識・生活習慣やしつけなど多くのものを学びながら成長し、自立し、次の世代に伝えていく。

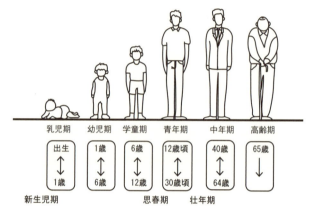

F1 ● 成長段階の分類例

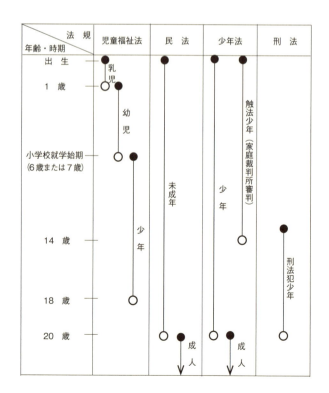

F2 ● 現行法律における子供の年齢区分 (2018年現在)

b 子供の心と体

● 体の特徴と発育

子供の体つきの特徴は、身長の割に頭が大きく、重心の位置が高い。首、手足は短く、胴にくびれがないなどの外観上の特徴を持っている。生理的には新陳代謝が激しく、汗をかきやすいために水分を多く求める。年少ほど睡眠時間が長く、新生児では、1日の大半は眠っている。

運動機能は、歩行を中心とする下肢の機能が発達し始める頃から活発化する。単純な動作から、次第に組み合わさった複雑な運動ができるようになり、跳躍や飛び降りが可能になると、行動範囲が急速に広がる。

乳幼児は一生を通じて心身の発育が最も著しい時期であるが、その発育の状態や速度は個人差があることを正しく理解しておく必要がある。

■ 心の発育と環境

子供の精神的発達には、知能、言語、情緒、社会性などが互いに絡み合いながら作用している。今日では、子供の発育、発達は遺伝的条件よりも環境的条件のほうが大きく影響を及ぼすといわれている。

特に、乳幼児期の心の発育は、人格形成にとってきわめて重要であり、育つ環境の持つ意味は大きい。

スキャモンの成長曲線(F4)は、年齢や臓器などによって異なる人の発育のスピードを四つのパターンにまとめ、カーブを描いたものである。これを見ると、神経系(頭部と脳)などは生後急速に発育が進み、4歳頃には成人の80%程度にまで成長していることが分かる。心の発育にとって、乳幼児期の環境がいかに大切かを示している。

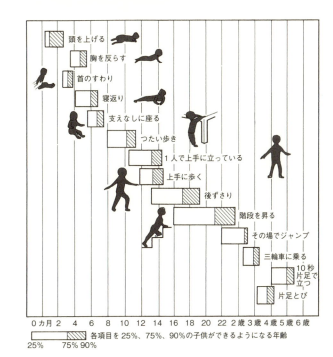

F3● 運動機能の発達

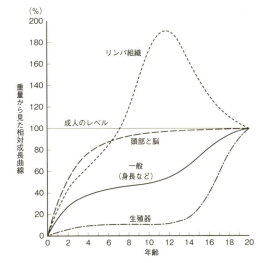

F4● スキャモンの成長曲線

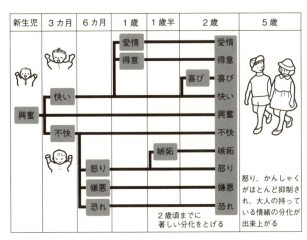

F5● 情緒の分化

2 子供と環境

a 子供をとりまく環境

子供をとりまく環境は、子供との距離から四つに整理される。第1は最も身近な家族との人間関係中心の世界、第2は家族も含めた家全体、第3は保育園や学校などの施設、第4はその外側にある地域社会である。

子供は成長するに従い、影響を受ける割合が、第1から第4へと順に大きくなり、環境から受ける影響は身体的・精神的に大きく、大人に比べて直接的である。

b 家庭環境

子供は、家族を基盤とした環境のなかで多くを学び、やがて自立した人間へと成長していくが、社会環境は絶えず変化し、家庭もその影響を受けて変化している。

核家族化や都市の高層居住は、母親が孤独感を持ちながら子育てを一人で担う状況をつくり出した。これらによる影響は多々あるが、子供の自立面での発達の遅れが特に指摘されている。

厚生労働省調査によると、世帯における児童数は減り続けている(F8)が、少子化は、きょうだいをはじめ、同年代の子供と接する機会を減少させ、社会性を学ぶ機会を奪っている。

同省2015年の調査によると、末っ子が1歳以上の子育て家庭では母親の就業率が半数を超えており、塾や習い事の時間が増えた子供側の事情も加わって、家族揃って過ごす時間も減少している。さらに、テレビやゲーム、コンピュータ、スマートフォンなど情報機器の普及は、家庭内での家族の孤立化を招くと同時に、子供の生活への気配りをしにくくしている。

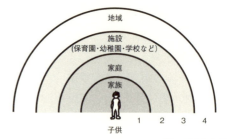

F6 ● 子供をとりまく環境

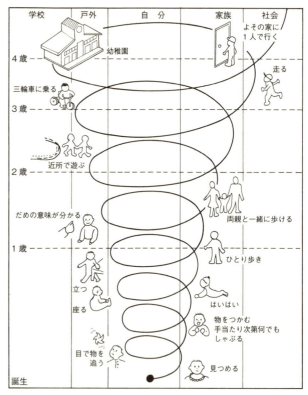

自分を中心とした生活の幅が、年齢と共に次第に大きくなり、行動半径が広がっていく

F7 ● 外に広がる行動（McGraw.M.B.による、1935）

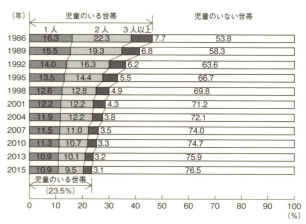

F8 ● 児童の有無別に見た世帯数の構成割合の年次推移

C 地域環境

　住まいを中心にした地域の中で、子供は友達や地域の人々と様々に関わりながら成長し、社会のルールやマナーを学び、家族とは別の他人への思いやりなどを身に付ける。

　子供が地域と関わる場としては、第一に、地域の遊び場があげられるが、遊びそのものの質や量の変化と同様に、遊び場も変化している。特に都市では、自然スペースの減少が著しく、広場や公園、道路、無秩序（資材置き場など）な場、隠れ家的な場なども減少している。これら遊び空間の減少は、戸外での集団遊びから子供を室内に閉じ込めて、個別遊びへと変化させる要因の一つにもなっている。

　かつての地域における道路は、モール型やポケット型（F10）の遊び場を発生させたが、そこで遊ぶ子供の姿は次第に見られなくなった。

　第二に、地域の中の様々な施設が子供の場としてあげられる。幼稚園や学校などの教育施設のほか、放課後に子供たちが過ごす場ともなる児童館は、子供の活動を発展させ、地域の拠点となる役割を担っている。図書館、公民館などの公共施設でも子供を対象とした催しを企画するなどして活用することが期待される。

　店舗をはじめとする地域の施設が、ルールやマナーの学習の場として活用できれば、近隣関係の希薄化を防ぐことにもつながるだろう。

　子育て支援や、地域に開かれた学校づくりのためのコミュニティスクール（学校運営協議会制度）、放課後のプレイパーク活動なども有効である。

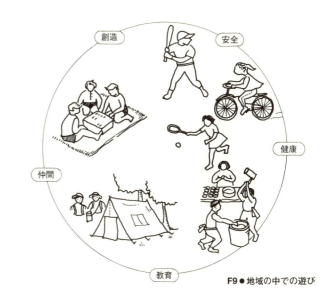

F9 ● 地域の中での遊び

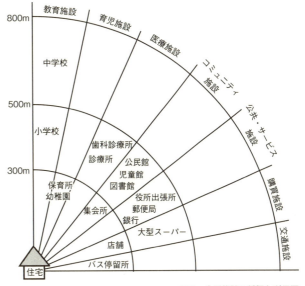

F10 ● 遊び場の型

F11 ● 生活施設の種類と利用圏

3 子供と生活

a 子供の家庭生活

子供が家で日常をどう過ごしているのかは年齢によって大きく異なるが、睡眠や食事などの基礎的な行為以外は学びと遊びがほとんどの時間を占めている。

小・中・高生の生活調査（F12）によると「遊び・メディア」の時間は小学生と高校生で一番長く、勉強や塾、部活動など忙しいなかでの自由時間では、テレビやDVDなどのメディアの占める割合が高い。

家での勉強時間を見ると（F14）、2008年度より2013年度のほうが全学年で増えている。中学生は塾などの家庭外での時間を含めると最も勉強時間が長いが、家での勉強時間に限ると高校生もほぼ同じ70分台である。

家族や友人と過ごす時間は、小学生・中学生・高校生と順に短くなる。青年期は勉強のみでなく、テレビを見たり、遊んだり、くつろいだりの時間も一人で過ごしていることが多い。子供と親とのコミュニケーション不足が様々な問題行動を起こす原因の一つと考えられているが、子供部屋を与えればよいのではなく、家族と過ごす場の心地良さをつくり、子供が自室に閉じこもることのないよう工夫が必要である。

遊びや勉強のみでなく、自分の身のまわりの片付けをはじめとして家事から学ぶことは多い。箸が使えない、ひもが結べないなど、不器用な子供が増えているとの指摘もあるが、手や体を使う家事を積極的に経験させたい。家事を通しての親から子への生活文化の伝承も大切である。

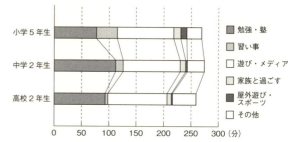

F12● 小・中・高生の放課後の時間の使い方

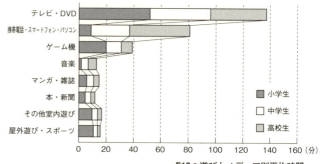

F13● 遊びとメディア別平均時間

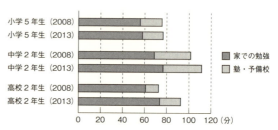

F14● 放課後の勉強時間

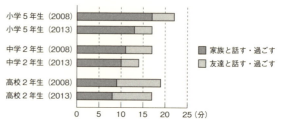

F15● 放課後の対人時間

F16● 家事参加

b 子供と遊び

● 遊びと発達

子供は遊ぶことによってあらゆる面での学習を行う。運動能力、知的能力をはじめとして社会性を身に付け、望ましい人格を発達させていく。遊びながらものを覚え、仲間を増やし、仲間同士でルールをつくり、それに合わせて自分自身の行動の是非を知るようになる。しかし、様々な環境の変化に伴い変容する今日、遊びを通して、望ましい学習効果を得られるとは限らなくなってきている。

▲ 遊びの質・量の変化

遊び場と遊び時間の減少──自然環境の減少、住宅の高層化、近隣関係の希薄化など都市化による環境の大きな変化は、子供の屋外での遊び場を奪う結果にもなっている。さらに、塾や習い事の時間が増え、遊びの時間は減っている。

遊び仲間の変化──かつては、地域の年齢の高い子供が小さい子供をリードし、保護しながら遊ぶ姿が普通に見られた。都市化、核家族化、少子化などの社会的変化は、自分と同質の子供同士でしか遊べないなどの傾向を強めている。特に異年齢集団との遊びが少なくなっている。

遊び方の変化──携帯ゲーム機などが遊びのトップにあげられるように、運動を伴わない屋内遊びが主流となっている。さらに、同じ室内にいながらそれぞれが勝手に異なる遊びをしているなど、集団遊びから個人遊びへの傾向が強まっている。

情報の氾濫──マスメディアや情報機器の普及による、子供にとって有害な情報の氾濫は、精神発達にひずみを与えかねない。

分類	概要	種類
感覚遊び	ながめたり、音を聞いたりする遊び	おしゃぶり、太鼓、オルゴール、ラッパほか
運動遊び	運動器官の発達を促す遊び	ボール、ブランコ、木馬、三輪車、なわとび、すべり台ほか
模倣遊び	社会生活、文化生活をまねしながら身に付けていく遊び	砂遊び、ままごと、ごっこ遊び、人形遊びほか
受容遊び	知識を豊かにし、情緒を発達させる遊び	絵本、紙芝居、テレビ、音楽、ゲームほか
構成遊び	創造の喜びを味わう遊び	積み木、粘土、折り紙、絵画ほか

F17● 遊びの分類

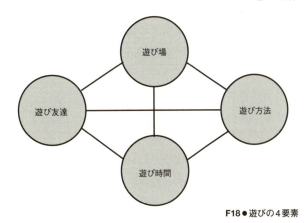

F18● 遊びの4要素

F19● 色々な遊び

4 子供と住まい

a 住まいにおける子供部屋

　日本の住まいに子供専用の部屋が設けられるようになったのは、大正期になってからである。従来の家長中心、接客重視の住宅から家族中心に改めようとする生活改善の動きのなかで、子供部屋の大切さが叫ばれたが、浸透してはいなかった。その後、徐々に子供部屋が見られるようになり、第2次世界大戦後の、多くの住宅が子供部屋を持つようになった。親たちは子供が勉強し、自立することを願って、自分たちの生活を犠牲にしても子供部屋を確保した。

　しかし、1970年代後半から、自室への閉じこもり、家庭内暴力、登校拒否、自殺など子供の問題がクローズアップされ始め、子供部屋の是非が問われ出した。家族のコミュニケーションを阻害すること、部屋への閉じこもりが非行や精神障害を誘発することなどが子供部屋による弊害とされた。

　このような批判は、子供部屋の意味や家族のあり方を問い直すきっかけとなった。

　個人主義の根付いた欧米では、乳幼児期から独立した子供部屋を与えることが一般的であるが、その背景には母子関係をはじめとする文化や生活習慣など様々な違いがある。

　個人のプライバシーを大切にすると同時に、子供の自立を促す住まいづくりは、必ずしも隔離した個室をつくることではない。住まい全体の部屋の使い方や家具配置などによって、緩やかな独立性のある子供空間をつくることができる。

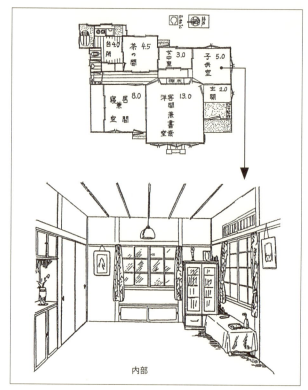

昭和4(1929)年の26坪の模範的西洋館の平面図
子供部屋を独立性のある位置に置いた例

F20 ● 昭和初期の子供部屋

F21 ● ドイツの子供部屋

b 乳児期

乳児期の子供の生活は、そのほとんどが家事作業の対象である。子供は、すべてに無防備な状態であるので、常に親の保護、監督が必要である。特に衛生条件や安全性は、子供の健康に直接影響を及ぼすので大切である。

・冬暖かく、夏涼しい静かな場所に心地良いベッドを用意する。
・沐浴のための設備、場所を設ける。
・沐浴をさせる人が楽な姿勢で行えるように配慮し、給排水なども考慮する。
・乳児食をつくる場所、消毒器、調乳器、調理具、その他の用具のための収納場所を用意する。
・汚れた衣類やおむつなどの一時置き場を設ける。さらに洗濯後は、それらをいつでも取り出しやすい身近な場所にまとめて配置する。
・手洗い洗濯のための洗濯槽などの設備や、小型のたらいが使えるスペースがあると便利である。洗剤の置き場なども考慮する。
・紙おむつは取り出しやすい場所に収納し、使用済みのものは処理しやすい場所にまとめて置く。
・親が家事をしながらも目の届く範囲内に、ひとり遊びのためのベビーサークルなどを置けるスペースがあることが望ましい。この場合に、床暖房は、安全性、保健衛生性から優れた設備である。
・床・壁・家具などには清潔を保ちやすい材料を用いる。
・とがった箇所、鋭利な箇所、怪我をしやすいつくりを避け、シックハウス症候群の原因物質を含む材料は用いないなど、材質、仕上げの安全性に注意する。

F22 ● 乳児のための家具

乳児の沐浴は毎日かかせないが、床で行うよりも台の上でするほうが作業の負担は少ない。他の保育作業も立位姿勢のほうが作業能率が良い

F23 ● 乳児の沐浴

F24 ● ベビーサークルで遊ぶ乳児とキッチンから見守る母親

C 幼児期

心身ともに発育が著しく、行動が活発かつ行動範囲も広がるため、怪我や事故も多くなる。また友達やきょうだいとの集団行動も増え、遊び方も一段と激しくなる。この時期は室内を汚したり、物を壊したりすることなどが目立つ。

室内の仕上げは、丈夫で安全な材質を選ぶと共に、メンテナンスのしやすさからの検討も必要である。

- 自分のおもちゃ、本、道具などを自分自身で片付けるための収納具が必要となる。
- 衣類、持ち物など毎日使う物のために整理しやすい装置を考える。
- 自分でできることの範囲を徐々に広げられるように、子供にとって使いやすい工夫を試みる。
- 絵を描いたり、物をつくったりするなどの創作活動のために作業台などを用意する。
- 家事参加が楽しくできるように、使用する道具の使いやすさや、それらの置き場所を考えておく。
- 成長によっては自分の専用机、コーナーなどを備えることも必要である。また、独立した空間を与えることも考えられるが、その場合は日照や通風などの条件に加え、閉鎖的にならないようにする。
- 子供は常に成長しているので、体に合った高さに調整できるような家具を選ぶ。
- 外遊びのスペースや、それらの道具などの収納空間が必要になる。
- 家の中から外へと行動範囲を広げる時期であり、両方をつなぐ空間であるテラスや玄関先などの遊び場としての工夫や安全性を図る。

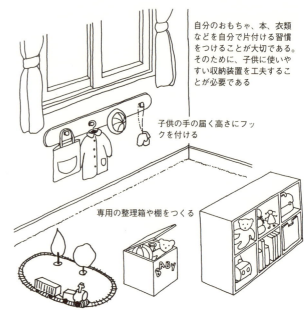

F25 ● 幼児の生活と道具類

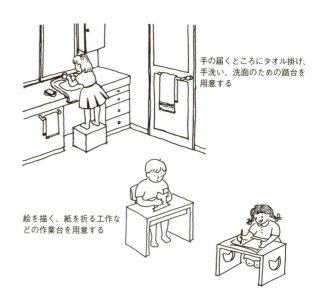

F26 ● 幼児の生活と家具

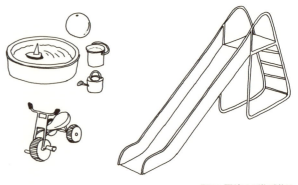

F27 ● 戸外での遊び道具

d 児童期

性別意識が強くなり、男女共にそれぞれにふさわしい行動を選択し、同性の仲間、グループが重要な役割を果たすようになる。学齢に達して学校生活の比重も増し、それに伴って身のまわりの道具類も一段と増えていく。自分で管理する自治空間の要求が強まり、独立した専用の部屋を欲しがるようになる時期でもある。

- 勉強をするためのスペースが必要になる。低学年の段階では専用の机を備えて、教科書、本類、ノートやその他道具類を収納する場所を確保する。
- 勉強する場所は必ずしも自室の勉強机とは限らず、家族から勉強を教えてもらいながら食卓などを机代わりにする例が、この時期には多く見られる。専用あるいは家族共用の机を居間や食事室の一角に備えたり、家族共有の図書コーナーを設けたりすることも一つの方法である。
- 持ち物は小物が多く、それらを上手に整理整頓するために、棚や引き出しなどは細かく区分する工夫をする。
- 必要な物を掛けたり、貼ったりすることのできる壁を設ける。
- 親との就寝分離を進めることが望ましい。きょうだいと部屋を共有する場合でもお互いの生活の違いを考えておかなくてはならない。
- 異性の子供同士が同室の場合は、少なくとも視線を遮るだけのプライバシーは保てるよう配慮する。
- 友達が家に来て遊ぶ機会が多い時期であるが、何人かが集まって遊べるスペースを子供部屋や居間などに確保することが望ましい。

目にとまる位置に必要なメモを貼ることができる壁面が必要である。引き出しを用いて、物を上手にしまうことを覚える

スペースが狭い場合には、ベッドなどと重ねることで解決することができる

手元の物を手軽に整理できることや、適切な照明は大切である。高さの変えられる机であれば成長に対応できる

F28● 色々なタイプの机

真上に重ねる2段ベッドは、下に寝ている者が圧迫感を感じることがある。ずらした場合には、互いに影響が少ない

傾斜天井の高い部分を利用してベッドを設け、下部を勉強スペースなどに利用することで部屋を有効に使うことができる

F29● 子供部屋の共有

e 思春期から青年期

大人からの自立が必要な時期である。また、学校生活の時間が長くなり、家族とのふれあいの機会が少なくなる。身体的変化につれ気持ちも不安定になり、プライバシーに対する強い意志が現れ、個室の要求が高まる。インテリアデザインにも関心を示し、自分なりの空間をつくりたがるなど独立した子供空間が最も求められる時期といえる。自分の容貌や服装を気にし始め、異性への興味が強くなる。趣味、知識の幅が広がるなど自意識に急激な成長が見られる。

- 親子の就寝分離はもとより、異性寝はこの時期には避けるべきである。
- 勉強、就寝を中心に落ち着いた個人としての生活を営めるような静かな環境を整える。
- 視覚的にも音響的にも、プライバシーに対する配慮が必要となる。
- 個室を設ける場合は、その位置や設備構造などを十分に検討して、鍵を付けないなど密室化しないようにする。
- 個室の広さは、生活の仕方や環境条件、他の部屋とのバランスなどと照らし合わせて考える。
- 衣類や身繕い、着替えなどに関する道具類も増え、持ち物の種類も複雑となるので収納方法の十分な検討が必要となる。
- 照明器具、オーディオ機器、時計、暖冷房機器、携帯電話の充電器、パソコンやその周辺機器などの電気製品のためのコンセントが多く必要となる。
- 自分で室内の模様替えができるような余地も残しておくとよい。
- 特にこの時期、自室への友達の訪問が多くなるので、家族にもその来訪が分かるような部屋の配置や構造にする。

壁の一部または欄間をガラス貼りにしたり、ドアにスリット窓を設けるなど室内の気配や照明の点灯・消灯状態が分かるようにする

F30 ● 密室とならない工夫例

身のまわりの種々雑多な物を分類しながら、使いやすい整理の方法を考える

F31 ● 身のまわりの生活財

F32 ● 収納例

f 子供と住まいの安全

乳幼児にとっては、住まいも決して安全な場所とはいえない。環境のなかで何が自分にとって危険なのかを知る能力は、学習と経験によって習得していくが、乳幼児はまだその力を持っていない。家庭内に潜む様々な危険を回避するのは大人の責任である。

人口動態統計（2014年）によると、家庭内事故による死亡数が不慮の事故に占める割合は、0歳で85.5％、1～4歳で70.2％である。その内訳によると、0歳児と1～4歳児では「不慮の窒息」の割合が最も高く、0歳児では93％を占めている。特に就寝中の窒息死の割合が高く、乳幼児の寝具や寝かせ方に配慮が必要である。

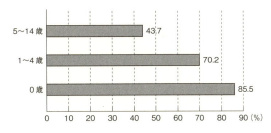

F33 ● 不慮の事故（交通事故を除く）のうち家庭で発生した年齢別死亡数割合

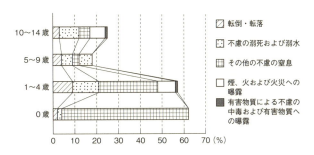

F34 ● 家庭における主な不慮の事故の種類別年齢別死亡数

1. たばこ：誤飲　→　灰皿は手の届かないところに置く
2. ソファ：転落・窒息　→　寝かせない
3. ガラス：衝突　→　透明なものにはシールを貼る
4. アイロン：やけど　→　使い終わったらしまう
5. 棚の中：誤飲　→　危険なものは置かない
6. 鍋：やけど　→　取っ手は向こう側に
7. ストーブ：やけど　→　柵で囲う
8. ポット：やけど　→　手の届かないところに置く
9. テーブルクロス：引っ張るので危険　→　使わない
10. 観葉植物：誤飲　→　手の届かないところに置く
11. ドア：指をはさむ　→　ストッパーを使用
12. おもちゃ：誤飲・窒息　→　口に入るものは与えない
13. コンセント：感電　→　使用中以外はキャップをする
14. 化粧品：誤飲　→　出しっぱなしにしない
15. 引き出し：指をはさむ　→　ストッパーを使う
16. ベビーベッド：転落　→　柵をきちんとする
17. 階段：転倒　→　上り口・下り口に柵を
18. ビニール袋：窒息　→　放置しない
19. 玄関：転倒　→　目を離さない
20. 風呂場：溺れる　→　浴槽に水をためておかない
21. 洗濯機：溺れる　→　周囲に踏み台になるものを置かない
22. 洗剤：誤飲　→　手の届かないところに置く
23. 便所：溺れる　→　フタをする
24. ベランダ：転落　→　踏み台になるものを置かない

その他
　化学物質過敏症（シックハウス症候群）
　電磁波
　アトピー性皮膚炎

F35 ● 絵で見る家の中の安全点検と対策

5 子供部屋の計画

a 基本計画

急激な成長段階にある子供の部屋は最初からすべてを固定せず、成長の変化や使い方の変更に沿って対応できるような自由性を持たせることが望ましい。小学生になって初めて使う机と、中学生や高校生が使うものとでは、当然大きさも違うし、また部屋に対する意識や実際の生活の仕方にも著しい差が見られる。したがって、子供部屋の計画にあたっては、常に変化することを考えておかねばならない。

幼い頃の完全に両親の管理下にある段階では、部屋の中は床面を広くとり、自由な遊び、自由な動きができることを重視する。特に複数で使う子供部屋は、子供同士が一緒に遊べるような共有のスペースをうまくとることが大切である。大部屋として、それらのスペースを生かしながら、なおかつそれぞれの領域空間を形成することのできる家具を配置するなどの方法を試みる。きょうだい同士で工夫できる年齢に達した段階では親がすべてを決めるのではなく、子供たちの自主性にまかせることが大切である。

子供部屋は、子供が成長するに従って重要性を増していく。子供が自立していく過程において自分空間を必要とすることと同時に、家庭や家族と距離を置くことで個人を成長させ、自分の世界を創造することができる場でもある。

自分の城をどのようにしたいのか、イメージをふくらませ、個性ある空間を創造する楽しみを経験させたい。

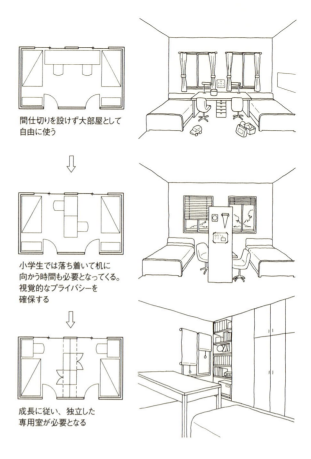

間仕切りを設けず大部屋として自由に使う

↓

小学生では落ち着いて机に向かう時間も必要となってくる。視覚的なプライバシーを確保する

↓

成長に従い、独立した専用室が必要となる

F36●子供の成長に対応した室内レイアウト

●自由性を持たせる はじめから部屋の使い方や家具を固定せず、成長に合わせて変化できるようにする	●安全性を考える 材質、形、つくりなど、わずかな危険にも細かい配慮が必要。シックハウス症候群を起こしやすい材質は避ける
●環境を良くする 日照、通風を十分に確保する	●清掃性を考える 汚れを落としやすい、補修しやすい、交換のしやすい仕上げ材を選ぶ
●子供の個性を考える 自分だけの空間を持つ喜びを感じ、想像力を湧かせるような空間づくりを工夫する	●採光と照明を考える 勉強や読書時の明るさや光源との位置関係などを考慮した家具や照明器具の配置をする

F37●子供部屋の条件

b 子供部屋の位置

日本では敷地が広くとれないため、2階に親の寝室と子供部屋を設ける場合が多いが、奥に親の寝室を配置するのが望ましい。親のプライバシーを守ると同時に、親が子供部屋の前を通ることにより子供の様子をうかがうことができる。

廊下や階段を通って、玄関から直接子供部屋へ行ける間取りでは、家族と顔を合わせる機会が少なくなる可能性がある。この問題の対応策としては、家族共用の場である居間や食事室の一角に階段を設けることや、居間に直接面して子供部屋の出入り口を設けるなどが考えられる。

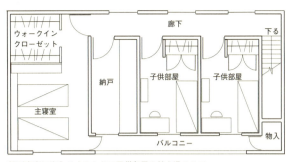

親が寝室に出入りするときに子供部屋の前を通るので子供の様子をうかがえる

F38● 子供部屋と親の寝室

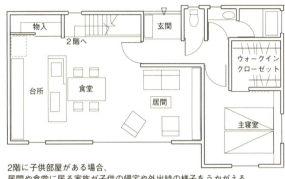

2階に子供部屋がある場合、居間や食堂に居る家族が子供の帰宅や外出時の様子をうかがえる

F39● 居間の階段から子供部屋へ

c 子供部屋の共用バリエーション

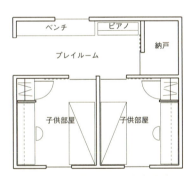

就寝と勉強は落ち着いた個室、遊びや趣味は共有のプレイルームと使い分けができる

F40● 個室＋プレイルーム

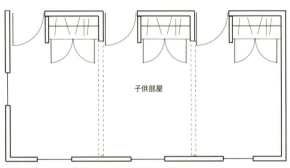

子供が幼いときは遊びやすい広いワンルームとし、成長後は間仕切り壁を設けて個室とする

F42● 3人共用で将来は個室

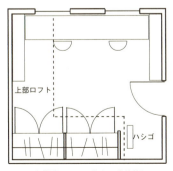

ロフトを就寝スペースとし、立体的に使って共有する

F41● ロフトを活用

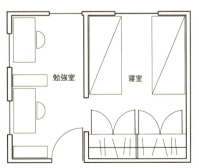

共有しながらも、勉強室と寝室の2室に分けることで、違う行為をするとき、互いの邪魔にならない

F43● 寝室＋勉強室

d 事 例

○ スタディスペースとダイニングを
　一体化した住まい

設計：マリオデルマーレ一級建築士事務所
家族構成：夫婦＋子供2人
敷地面積：167.60 m² (50.79坪)
1階面積：54.60 m² (16.55坪)
2階面積：59.01 m² (17.88坪)
構造：木造2階建

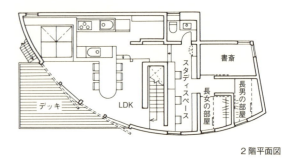

2階平面図

1階平面図

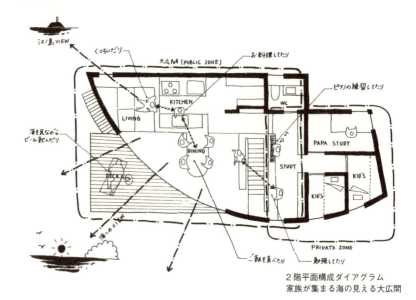

2階平面構成ダイアグラム
家族が集まる海の見える大広間

「子供が自室にこもらない」
工夫として、子供室をベッド、
収納、小さな窓で構成する
ミニマムな「二等船室のような
部屋」に仕上げている。近い将来、
書斎を長男の部屋に転用する予定。

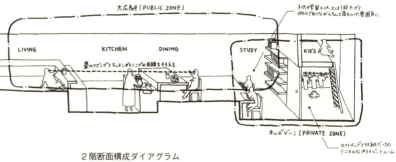

2階断面構成ダイアグラム
皆が仲良く暮らすための仕掛けとして、レベル差による空間がつくられた

○スタディスペースのある
　コンパクトな家

設計：日影良孝建築アトリエ
家族構成：夫婦＋子供3人
敷地面積：115.46 m² (34.93坪)
1階面積：44.28 m² (13.39坪)
2階面積：36.02 m² (10.90坪)
構造：木造2階建

子供室を小さくした代わりに
スタディスペースを吹抜けに
面して設けたことで、1階の
リビングやキッチンから子供たちの
様子がうかがえる。

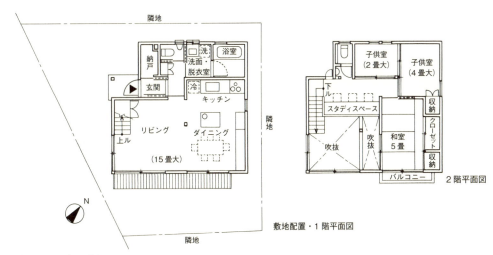

敷地配置・1階平面図　　2階平面図

○テラスを挟んでリビングと
　子供室が対峙する家

設計：空間設計研究所
家族構成：夫婦＋子供2人
敷地面積：101.00 m² (30.55坪)
1階面積：60.38 m² (18.26坪)
2階面積：60.39 m² (18.27坪)
構造：木造2階建

リビングからテラス越しに
子供の遊ぶ姿が見え、互いの
気配を感じて過ごすことができる。
子供室は将来、2室に仕切る予定。

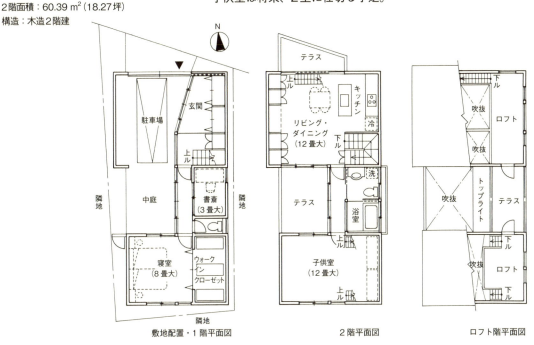

敷地配置・1階平面図　　2階平面図　　ロフト階平面図

F ― 2 ― 子供を育てる

131

高齢者が住む・安らぐ

　人口の高齢化は世界的な現象であるが、中でもわが国は、突出した少子高齢化と出生率低下による人口減少社会へと向かっている。65歳以上の高齢者人口の割合は、2015年9月現在、3,334万人で26.7%、4人に1人を上回った。うち男子は23%、女子は28.8%になった（75歳以上は男子で9.9%、女子では15%）。そして2040年には36.1%で3人に1人を超え、しかも75歳以上が急増する世界で最も高齢者の割合が高い超高齢社会の出現が予測されている。それはひとり暮らしや夫婦だけの高齢者世帯の急増でもある。高齢化は、心身機能の低下が避けがたく、介護や医療の必要性も高まるが、高齢者が1日でも長く自立した生活が送れることが大切である。そのための年金、介護、医療等の社会保障制度の充実は、健康で文化的な生活を営む権利を定めた憲法の精神に照らしても強く望まれるところであり、安全で安心して生活できる快適な住まいと住環境の整備もそこにある。高齢者にとって住まいの劣悪さは時には命に関わる重大な事故にもつながりかねないことから、ここでは高齢者が安心して安らかな老後を過ごせる住まいと住環境について考える。

1 高齢者と高齢社会

a 高齢者とは

　これまで年齢を重ねた人々を高齢者と呼んできたが、何歳からという区切りは明確ではない。WHO（世界保健機関）の定義では65歳以上としているが、わが国でもおおむね65歳以上を高齢者としてきた。だが、年齢と心身の状態との間には個人差があり、医学の進歩や老化予防の普及によって、一般に元気で長寿の高齢者が増えている。60代ではまだまだ高齢者としての自覚はなく、自分を高齢者として認めるのは、職業からの引退、身体的な老化の自覚等によるところが大きい。医療や福祉の処遇の点から今後、高齢者を75歳以上とすることも検討され始めている。

　わが国は、今世界一の長寿国となった。65歳以上のひとり暮らしの高齢者はすでに600万人を超え、高齢者のみの世帯が1,271万戸、全世帯の25%に及び（2015年）、今後も増え続けていくことが予想される。また、高齢者の25%が年収160万円以下で、老後の生活は不安定であり、したがって働かなければ生活ができないということが現実である。

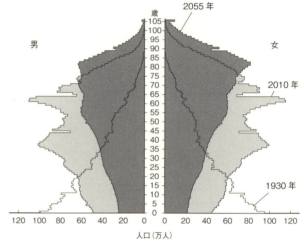

G1 ● 全国の年齢（各歳）、男女別人口（1930、2010年と2055年の予測）

G2 ● 増え続けるひとり暮らし高齢者

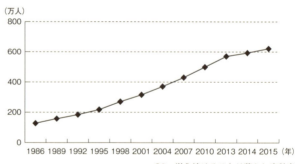

G3 ● 60歳以上何歳頃まで仕事をしたいか

G4 ● 65〜69歳の就業者が働く主な理由

b 高齢者の特徴

加齢により様々な器官に障害が起こりやすく、疾病につながる確率が高まる。

● **身体諸機能の変化**

生理機能の低下——生活習慣病の発症リスクが増える（生活習慣病とは生活習慣に起因する病気で、肥満、高血圧、高脂血症、糖尿病、歯周病、骨粗しょう症、動脈硬化、認知症など）。

筋力の低下——反射神経が鈍くなり、敏捷性に欠けてくるため、転びやすくなる。女性の場合は骨粗しょう症になりやすく、骨折するなど大事に至る場合が多い。

握力の低下——重い建具の開閉、ドアハンドルを回す操作が困難になる。

視力、聴力、嗅覚の減退——火災の発生に気付かないなど、日常生活をするうえで、危険の回避が困難になる。

精神的な不安——現役からの引退、子供の独立による別居、夫や妻との死別など、家族関係の変化を経験することが増える。また、所得の低下や健康に対する不安、社会からの孤立等でストレスを感じることが多くなる。

▲ **健康な高齢者**

70〜80％の高齢者は生活の自立度も高く、知的な能力や判断力が減退することもなく、社会の第一線で活躍する者も少なくない。「昭和の高齢者に比べて、現在の高齢者は5〜10歳若返っている」という日本老年学会の報告もある。

だが、それには若いときからの努力も大切で、疾病の予防、病気の早期発見、バランスの良い食事の摂取、適度な運動や休養、過労を避け過度な飲酒を慎み、喫煙習慣を持たないことなどを心掛ける必要がある。

G5 ● 高齢者の身体的機能の変化

・散歩や体操などの有酸素体操
・家族や友だちとの会話を楽しむ
・読書や手紙を書く
・陶芸、絵画、囲碁将棋などの趣味を持つ
・料理を楽しむ

コーラスを楽しむ高齢者

G6 ● 楽しい老後

G7 ● 転倒予防体操のすすめ

2 高齢期の住まい

高齢者が最も住みたいと望んでいる場所は、長年住み慣れた土地であり住まいといわれているが、高齢者が安心して住むための課題は多い。

a 高齢者の居住問題

● 不適切な住まいと地域環境

住まいの老朽化により、安全性が確保できない。使い勝手が悪い、住み心地が悪い。古い団地の場合、エレベーターがなく階段の上り下りが困難になった。また、地域の生活関連施設である病院や商店が閉鎖、公共交通機関も廃止されて生活ができなくなった、などの問題が各地で起こっている。

▲ 借りにくい借家

ひとり暮らしの高齢者の約40％、夫婦のみで暮らす者の約13％が借家住まいであるが、経済的に苦しい高齢者の受け皿となる借家の質はきわめて低い。「老朽化」「トイレ、浴室、台所の設備」「日照、通風、騒音」「周辺環境」「家賃が高い」などの不満は多い。

さらに高齢者に対して家主が貸し渋るという問題もある。

劣悪な居室を提供して、生活保護費を搾取するという貧困ビジネスも後を絶たない。

■ 住まいと住環境の整備

高齢者の住宅問題は社会的課題でもあり、これを自己責任とすることはできない。高齢者が安心して暮らせる良質な住まいと暮らしやすい住環境の整備は重要であり、社会保障の一環として、国の責任において行われなければならない。

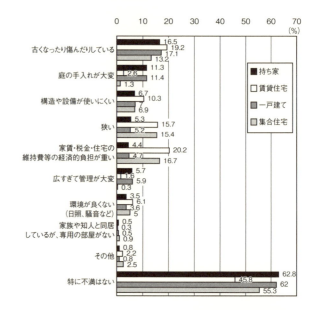

G8 ● 住まいに対する不満な点

G9 ● 都市の老朽化した借家

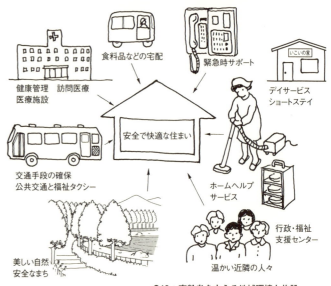

G10 ● 高齢者を支える地域環境と施設

b 住み処の選択

高齢者にとって、老後の生活の場の選択には、できるだけ自立して、自由に暮らせることが大切だが、家族との関係、将来に備えた援助の体制も視野に入れておく必要がある。

● 同居

高齢者が子供の世帯と共に同じ屋根の下に住むことを同居と呼んでいる。

同居の形態には、

- 完全同居——就寝室を除いて、他の生活空間を共有し、家計も共にする
- 同居——家族との共同部分を残しながら個室にトイレ、浴室、ミニキッチンなどを設けて個人生活を充実させる
- 半同居——家計も住空間も独立した住まいであるが玄関、居間など一部に共有部分を残し、家族間の交流を図る

などがある。

▲ 二世帯で住む

同一建物の中で、上下または左右に分かれてそれぞれ独立して住む形式を一般に二世帯住宅と呼んでいる。敷地が広い場合には同一敷地内別棟として建てる住み方と同じで、隣居ともいう。スープの冷めない距離に住む近居と共に、互いに交流を図り、困ったときにはすぐに助け合える関係を大切にする住み方である。

■ 独居

家族や近親者が身近にいない、高齢者だけの独立した住まい。住まいや設備が老朽化したときや、災害や体調不良時の不安は大きい。したがって緊急時のサポート体制が必要であり、安心・安全な居住環境の整備と共に、高齢者を支える行政や近隣住民の存在が欠かせない。

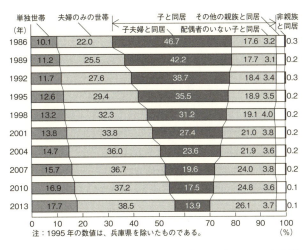

G11 ● 65歳以上の者の同居・別居形態

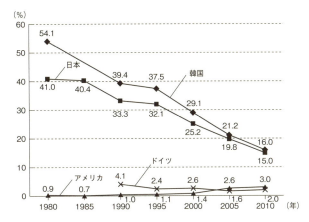

G12 ● 高齢者の生活と意識に関する国際比較

上下階で住む（外階段）

上下階で住む（内階段）
玄関を共有する場合もある

同一建物を連棟にして住む　　同一敷地内で独立して住む

G13 ● 二世帯住宅の色々な形態

C 高齢者用住宅の種類

高齢者を対象とした安全設備や、福祉サービスを併せ持つ様々な高齢者専用住宅、新しい形の住まい方を提案する賃貸住宅など、選択の幅が広がってきている。

● 高齢者向け優良賃貸住宅

高齢者向けの優良賃貸住宅制度（1998年創設）により自治体が入居補償、家賃補助を行っている住宅。

- ケアハウス（軽費老人ホームC型）は介護の必要がない高齢者用で、介護サービスを必要とする場合は外部と契約する。
- サービス付き高齢者向け住宅（サ高住）の場合は、緊急時の対応が主で、介護サービスは外部に委ねている。

▲ 小規模多機能型居宅介護施設

地域に密着して、訪問、通い、宿泊のいずれもできる小規模な高齢者施設で、おおむね一施設当たり29人以下ですべての介護度に対応する。

■ コレクティブハウス

高齢者を含めた様々な年代・職業の人々が同じ建物内で共に暮らす住まいであるが、それぞれの住戸のほかに共有の空間を持ち、共同で炊事や食事、建物の管理運営を行う。家族ではないが親しく生活の一部を共にし、助け合って暮らす暮らし方は、高齢者や子育て中の家族にとっては楽しく安心できる暮らしの場である。

◆ 在宅介護サービス

自治体の要介護度認定を受け、介護保険制度を利用して、在宅または高齢者住宅入居者が、介護サービスや訪問看護等を受けることができる制度である。介護度や収入により、自己負担額は異なる。

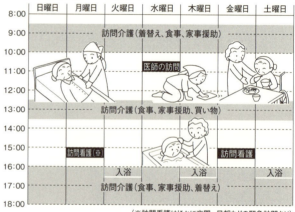

G14 ● 高齢者居住法における住宅の種類

要支援1	一部介助が必要だが改善の余地がある
要支援2	同上
要介護1	排泄や食事は1人でできるが、歩行や起き上がりが不安定
要介護2	排泄や入浴に介助や見守りが必要
要介護3	排泄、入浴、歩行が1人でできない
要介護4	徘徊などの問題行動が加わる
要介護5	寝たきり状態で意思の伝達ができない

介護給付は要介護1からで市区町村の要介護認定により以下のサービスが受けられる。
・在宅サービス・施設サービス・地域密着型サービス

G15 ● 要介護認定の目安

G16 ● 訪問介護モデル

（※訪問看護はほかに夜間・早朝などの緊急訪問あり）

利用サービス	内容	単価	回数	月額計
訪問介護	身体介護（30分未満）、生活援助（45分未満）	3,556円	週7回（月30回）	106,680円
	生活援助（45分未満）	2,086円	週7回（月30回）	62,580円
	身体介護（30分未満）、生活援助（70分未満）	5,084円	週7回（月30回）	152,520円
訪問看護	訪問看護（30分未満）	5,278円	週2回（月8回）	42,224円
	夜間・早朝の緊急訪問など（緊急時訪問看護加算1）	6,156円		6,156円
支給限度額対象単位数合計－要介護4の限度額＝超過分				
1割負担（限度額内）：38,394円★ 10割負担（超過分）：13,964円			⇨	合計：52,358円
居宅療養管理指導	医師の訪問（在医管の算定あり）	2,920円	週2回	5,840円
	薬剤師による服薬管理（薬局：月4回限度）	5,030円	週1回（月4回）	20,120円
医師：584円／月★ 薬剤師：2,012円／月★			⇨	合計：2,596円

＊平成27年8月より、介護保険サービスの自己負担割合が、1割と2割の者がいて、2割負担の者は★の部分が2倍の費用負担になる。

G17 ● ケアプランの例および介護費用（抜粋）

d 介護付き高齢者施設の種類

● 特別養護老人ホーム

自宅での生活が困難な要介護高齢者を受け入れて、全面的な介護をする代表的な施設が特別養護老人ホームで、要介護度3以上の者が入所できる。施設の多くは公設民営で、介護保険と一部自己負担で運用され、入居費用は比較的安い。だが、需要に対して供給が追いつかないため、要介護4または5の認定を受けても入所が困難で、数年待たなければならないという問題がある。したがって入所待ち高齢者の介護が深刻な問題となっている。

▲ グループホーム

介護を必要とする認知症の高齢者施設で、5〜9人が集まって支援を受けながら、決まったスケジュールはなく、家庭的な雰囲気のなかで共同生活を行う。運営は民間事業者によるところが多い。ある程度の自立と、経済的な自己負担が求められる。

■ 介護老人保健施設

医療と在宅の間にあり、病院から自宅に帰るための準備施設として位置付けられ、3カ月の滞在が原則となっているが、現在は不足する特別養護老人ホームの補完施設ともなっている。

◆ 有料老人ホーム

民間の事業者によって運営され、その種類と内容は様々である。大きくは健康型、住宅型、介護付きがあり入居を選択する場合、費用や施設設備、サービスの程度など質問事項を用意して直接施設を訪ね、入居者の様子を観察し、納得できるまで十分に吟味する必要がある。

1.	確認	施設に出向いて確かめる
2.	事業	経営主体、資本金、事業の内容
3.	環境	周辺環境、施設の種類、建物状況
4.	費用	入居一時金、月額利用料内訳、実費負担
5.	サービス	サービス内容と費用の関係
6.	介護場所	居室か介護室か
7.	医療	医療機関との連携、常駐看護師
8.	入居者の状況	要介護度と人数
9.	職員体制	介護者人数、夜間の体制
10.	退去	入居条件、退所時の契約事項
11.	観察	清潔度、介護職員や入居者の表情
12.	日常生活	食事内容、入浴頻度、楽しみ

G18 ● 施設選びのチェックポイント

リビングから食事スペースを見る

G19 ● 認知症高齢者グループホーム（グルップボエンデ井荻）

3 安全な住まい

1日の大半を家庭内で過ごすことの多い高齢者にとって、住まいの安全は何よりも大切である。だが、安らぎの場であるはずの住まいには多くの危険が潜んでいる。家庭内で発生する事故は非常に多く、また、年齢が高くなるにつれて急上昇する。ちょっとした転倒でも高齢者にとっては致命的であり、これがきっかけで障害を抱えてしまったり、寝たきりになってしまうことも少なくない。自宅で住み続けるためには、住まいは安全でなければならない。

a 高齢者と事故

● 多発する家庭内事故

家庭内での事故は高齢者が圧倒的に多い。2008年の人口動態統計によると、家庭内で不慮の事故で亡くなった者の総数のうち65歳以上の高齢者の割合は、86.5％に及ぶ。浴槽内での溺死は88％、不慮の窒息（食物・その他の誤飲）83％と並んで圧倒的に多い。転倒・転落も78％あり、このうち、同一平面でのスリップ、つまずきが87％であった。

敷居のわずかな段差や障害物、つまずきやすいカーペットの端、浴室や台所の滑りやすい床が事故の原因となっている。

階段や上がり框、脚立からの転落は大事に至る場合が多い。火災や火傷、ガス中毒などの事故の発生は高齢者の身体機能の低下と比例している。熱中症も高齢者の場合、屋内での発症が特に多い。

住まいの安全チェックは欠かせない。

b 危険な箇所の発見と改善

長年住み慣れた住まいでも、高齢になると思わぬ危険や不便な箇所が生じて

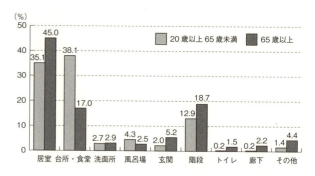

G20 ● 屋内事故の発生場所

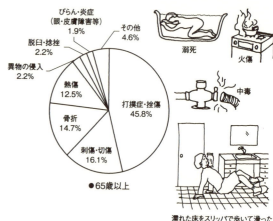

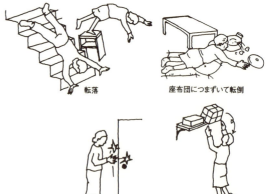

G21 ● 高齢者に起こりやすい様々な事故

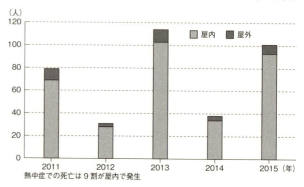

熱中症での死亡は9割が屋内で発生

G22 ● 熱中症死者数の推移

くる。身体の変化を想定して、住まいを観察し、問題箇所を見つけ、早めに改善したい。災害時の安全性についても特に注意し、避難の方法を確認しておく。また耐震基準以前に建てられた古い木造住宅では耐震補強が必要である。

● 日常の暮らしを見直す

家のまわりや、室内に物が散乱してはいないだろうか。床に物を置くと、非常の場合避難しにくく、つまずきの原因にもなり危険である。

部分敷きカーペットの使用にも注意したい。カーペットの端が躓きの原因になりやすい。また、屋内にある小さな段差もつまずきやすい。

スリッパは滑りやすく、階段の上り下りでは特に危険である。室内履を使用する場合には裏に滑り止めのストッパーがついているかどうか注意する。

たんすや置き戸棚の上など、高い所に物を積み上げていないだろうか。災害時には特に崩れ落ちる危険がある。

▲ 住まいを見直し、改善する

安全で気持ちよく暮らすために不都合な箇所はぜひ改善したい。それには高齢者医療や福祉、建築等の専門家の協力が必要である。家の出入り口や廊下と部屋の間にある段差を解消する。台所、浴室、トイレの設備を清潔で安全なものにする。必要な箇所に手すりを付け、特に玄関、浴室内、トイレについては必ず設置する。

壁の断熱や隙間風の防止、日当たりや風通しを良くして、夏は涼しく、冬は暖かい家にしたい。

改善のための資金援助のシステムについては各地の自治体や、地域包括センターに相談するとよい。

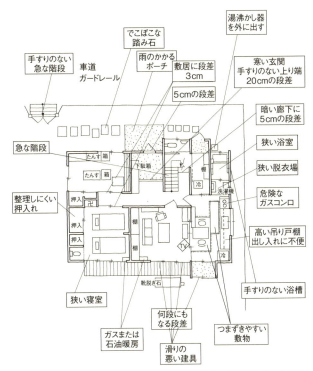

G23 ● 住まいの改善したいところ

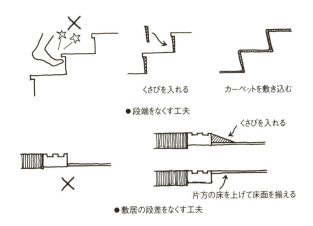

G24 ● つまずきやすい箇所の解消

> **コラム ● 住宅の断熱性能を高めることの効果**
>
> 70歳以上の高齢者の30%が高血圧
> 住まいの窓や壁の断熱性や気密性を高めると、室内の温度差が少なくなり、冬の寒さを和らげられる。それによって高齢者の血圧が下がったという実験の結果を、東京都健康長寿医療センターの研究チームが発表した。
> 1979年に建てられた集合住宅の窓ガラスを複層に、壁に断熱材、気密性のあるドアにしたことで、平均3.1mmHgの血圧低下が確認されたと報告している。

4 高齢者の住まいの計画

長い老後を快適に過ごすため、住まいをリフォームしたり、あるいは自然の豊かな場所への転居を考えている人々が増えている。老後の住まいは、便利でより健康に過ごせること、老化による体の変化に対応できること、介護のしやすさについても考慮する必要がある。

a 設計の基本

●バリアフリーとユニバーサルデザイン

バリアフリーとは、住まいはもちろん、人々が生活するあらゆる空間から障壁を除くことで、たとえ障害があっても日常生活や社会参加が妨げられることのない環境をつくることである。

バリアフリーの概念をさらに進めたものがユニバーサルデザインである。これは、あらゆる人々に対して、可能な限り使いやすい製品や環境をデザインすることで、体に無理のない優しい空間は、高齢者の身体的・精神的変化に対応するものである。

・室内は、建具を取り外せば融通性に富み自由な空間となる。
・建物の断熱性を高め、日照、通風を良くして、自然の恵みを生かす。
・室内は手入れがしやすく安全な仕上げで、住宅設備機器も手入れがしやすい。
・持ち物整理のために、身近に収納場所が用意されている。
・近隣環境との調和に配慮されている。

国際障害者年

国際連合は1971年「障害者の完全参加と平等」をスローガンに国際障害者年、1983～1992年を「国連・障害者の10年」として行動計画を策定

ユニバーサルデザインの7つの原則

1 誰でも使用でき、手に入ること
2 柔軟に使えること
3 使い方がたやすく分かること
4 使い手に必要な情報が容易に手に入ること
5 間違えても重大な結果が起こらない
6 少ない労力で効率的に、しかも楽に使えること
7 アクセスしやすく、使用するのに適当な広さがあること

バリアフリー新法

ハートビル法（1994年）と交通バリアフリー法（2000年）が一つになって2006年12月に施行された。これによって、駅や交通機関、建物に、道路、公園、商業施設、福祉タクシーも追加されて、高齢者、障害者がいっそう移動しやすく、地域住民の声も反映されるものに改正された。さらに「福祉のまちづくり条例」は地方自治法第14条を根拠に都道府県が定める条例である。

上記の理念をもとに、公共の場のバリアフリー化が進んでいる

G25 ● 安心して暮らせるバリアのない設計の考え方

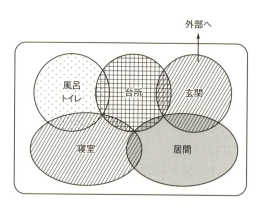

G26 ● 高齢者の住まいの基本構成

b 各室について

高齢者が自立して長く住めることを目標に、また介護が必要になっても介護者が働きやすい住まいにする。

● 玄関・アプローチ

玄関および玄関まわりは住まいの顔であり、外部社会とつながる接点でもある。まず、玄関から道路までのアプローチにある段差、植え込みや車、自転車などの障害物は通行を妨げる。車椅子使用であれば、これらによって外出の機会を奪われ、家に閉じこもりがちになる。

必要な箇所に手すりを付け、足元は照明で明るくする。門塀は固く閉ざさず、ある程度見通せるほうが防犯上安全である。郵便、荷物の受け渡しが玄関でできれば雨の日、厳寒の朝にも楽である。玄関内部はなるべく広く、履物の着脱をする土間と上がり框の段差は小さく、手すり、ベンチなどを用意して、床には滑りにくい材料を選ぶ。玄関からの出入りが困難なときは、避難路を兼ねて居間や寝室のテラスからの出入りも検討する。

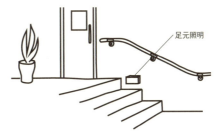

玄関に至るアプローチに階段が必要な場合、蹴上げは低く、踏面は広く取って緩やかに、手すりは連続させて付ける。
車椅子利用の場合にはスロープとし、幅120cm以上、傾斜度は1/12以下としなければならない。土地に余裕がない場合にはリフトの設置を考える。

玄関内部は履物の着脱が楽にできるよう、ベンチを設ける。腰掛けてから履物を脱ぎ、お尻を軸に体の向きを変えて床上に移動する。回転するベンチを利用してもよい。車椅子利用の場合には玄関内部を広く取り、車椅子の置き場を考慮する。

G27 ● 玄関・アプローチと内部

▲ 居間（食事）・寝室

1日の大半を過ごす居間は、玄関、寝室などほかの空間とのつながりがスムーズにできるような位置に配置する。ここはくつろぎの場であると同時に友人・知人を迎えたり、食事や家事など生活行為が集中するので、生活用具で乱雑になりやすい。

居間と寝室は隣接した配置にするか、同じ部屋の場合でも、昼の生活と就寝時の空間を分離して生活にけじめがつくようにする。それぞれに身近で使いやすい収納設備を設置する。

寝室には、災害に備えて家具やテレビなどは壁に固定して置き、凶器になるような危険なものを周囲には置かない。

G28 ● 寝室

■ トイレ・浴室

　快適な排泄は、毎日の生活の基本的な行為である。自立した生活を継続するためにもトイレの位置や設備を重視したい。夜間の使用を考えて寝室に近く、または寝室内に直接設置する。介助や、車椅子使用も考えて、ゆったりしたスペース、開閉の楽な引き戸、暖房便座付き洋便器、利用者に合った位置でのL字型手すり、非常連絡装置等を取り付ける。洗面、脱衣場と同一空間にすると広くとれる。

　入浴は高齢者にとって楽しみであり、健康維持にも大切なもので、なるべく人手を借りずに長い期間利用できるように設備を整える。滑らない床仕上げ、立ったり座ったりするとき、浴槽に入るとき、浴槽内、それぞれに使いやすい手すりの設置が必要である。浴槽の深さは浅く、洗い場からの立ち上がり部分は移乗台を使える高さにしたい。開閉しやすい扉と広い出入り口を設置する。室内外の温度差には特に注意し、浴室での事故の大きな要因であるヒートショックを起こさないように注意する。

◆ 台所

　好きなものを自分で調理する楽しさは少しでも長く続けたい。だが、調理は準備、後片付け、ごみ処理、電気やガスを安全に使い、使用後の道具を清潔に保つことが必要だが、高齢者にとっては負担が多い。椅子に腰掛けたり、車椅子でも使える高さが調節できる調理台、昇降式吊り戸棚なども活用したい。ガスは立ち消え安全装置やガス漏れ警報装置、消火設備、火災警報器を付けるか、電磁調理器にして安全には特に気を付ける。食事の場は台所内（ダイニングキッチン）または台所に隣接させて設ける。

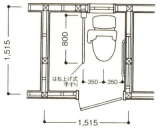

● トイレの手すり設置位置
回転式手すりやはね上げ式手すりなど介助動作の邪魔にならない可動式の横手すりを設置する

● 介助スペースの確保
介助する場合には、前屈姿勢をとることが多く、介助者の臀部が突出するので、便器側方および前方に介助スペースを500mm以上確保する。
なお、奥行きが1,820mmあれば前方介助が行いやすい（図は側方介助の例）

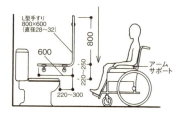

● トイレの手すり取り付け高さ
車椅子の場合には横手すりはアームサポートの高さに揃えることを基本とする

G29 ● トイレ

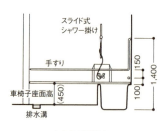

● 右麻痺者用浴室
浴室内に車椅子を入れる場合は、ゆとりをもった寸法とする。左麻痺の場合は反対側に付く

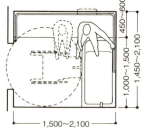

G30 ● 浴室

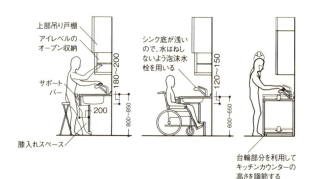

● 高齢者や車椅子に対応したキッチンカウンター　　● 台輪部分を改造して高さを調節

G31 ● 台所

● 洗濯・物干し

　洗濯は洗濯機の性能が向上して使いやすくなっているが、洗濯物を干すことは高齢者にとって大きな負担である。洗濯場から遠い物干しは避け、低めで干しやすい物干し場を洗濯機の近くや居間近くに設置する。あるいは洗濯乾燥機を使用するなど、干す負担を少しでも軽減させる。布団は重いので、布団乾燥機の使用が便利である。

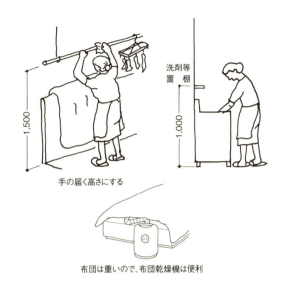

G32 ● 洗濯と物干し、布団乾燥機

▲ 掃除

　常に清潔に心掛けたいが、掃除機の使用は高齢者にとって負担の大きい作業である。特に色々な生活用品が室内の床面に置かれていると掃除の能率も悪く、清潔を保ちにくい。したがって持ち物は少なく、シンプルな暮らし方が高齢者ほど必要である。床はフローリングにするなど、掃除のしやすい室内にしておく。

　日常的にはペーパーシートも役立つ。すでにロボットを組み込んだ自動掃除機も性能が向上し普及し始めている。

■ 緊急通報装置

　緊急時に同じ建物内にいる家族や介護者に知らせる通報装置には、インターホンやコールスイッチなどがある。寝室、トイレ、浴室などにはこの設備を手の届く位置に取り付けておく。高齢者だけの世帯では近くに住む子供、親戚、友人、近隣住民などと連絡が取れる緊急通報装置が必要である。携帯電話も有効な連絡手段だが電源が切れている場合もあるため、警備会社と契約しておくことが安全である。

　火災警報器の設置は新築住宅の場合、2006年から設置が義務付けられた。既存住宅では、市町村条例によって決められているので、自治体に問い合わせる。

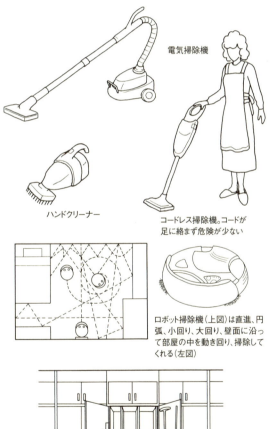

G33 ● 掃除用機器、道具入れ

C 事例

○介護が必要な親夫婦との同居

　家族の主な生活の場と介護を必要とする老父母の部屋を1階に置いた同居型の住宅である。老父母室には専用のトイレと洗面所が寝室に隣接し、室内にあるのと変わりない状態でセットされている。それに続いて家族共用の浴室が老父母専用のごとくに使いやすく配置されている。広い食事室は洗面所からの幅広の建具でつながり、親子3代が共に食卓を囲む団らん空間になっている。

　夫婦の寝室、子供室は2階にあるが、非常ベルとインターホンですぐに連絡が取れるようになっている。車椅子での外出には、玄関を出たところからのスロープが道路や駐車場につながり、ここから南側の庭に出ることができる。

○自立している親夫婦と上下階に分かれて住む

　1階に親夫婦世帯、2階に子供夫婦世帯という半同居の二世帯住宅である。各階はそれぞれトイレ、浴室、台所を持ち、外階段で玄関も別にあって日常的には独立した生活を営んでいるが、屋内にもある階段が2階の玄関ホールにつながって絶えず行き来ができ、スープの冷めない距離で互いに助け合う暮らし方が実現している。これは留守の間の宅配便の受け取り、孫の預かり、庭の手入れなどを親の世帯が受け持ち、子供の世帯は家賃を払って親世帯を支えている。世代間の文化の違いを感じつつも、日々の暮らしを楽しむ住まいである。

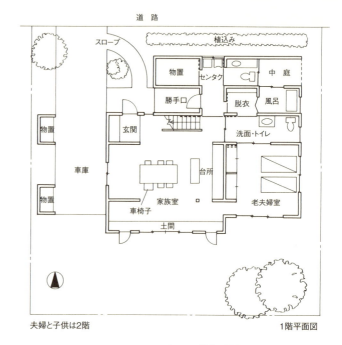

夫婦と子供は2階

1階平面図

G34 ● 3世代で同居しているNさんの家

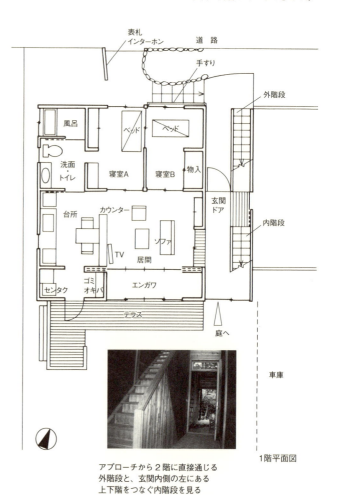

アプローチから2階に直接通じる外階段と、玄関内側の左にある上下階をつなぐ内階段を見る

1階平面図

G35 ● 上下に分かれて住む半同居

○マンションを改修する

集合住宅に暮らす人々の数は大都市を中心に急増している。長く住み続けようとしたとき、細かく区切られた間仕切り、狭い台所、浴室やトイレ、脱衣場など高齢者の暮らし方に対応していない。

G37の事例は60歳代はじめの社会的に活躍している元気なご夫妻の住まいであるが、子供が巣立った後、将来も見越して、暮らしを楽しめる住まいに改修した。設備部分はそのままに、細かい間仕切りを取り払い、高齢期にも対応する融通性のある空間にした。改修によってリビングの前面の庭は、春は桜、秋には紅葉と移り変わる自然を満喫できる住まいになった。

○高齢者専用住宅（シニアハウス）

わが国において、必要条件を備えた公的な高齢者専用住宅がつくられるようになった歴史は浅い。だが、これらの住宅は1人当たりの面積も小さく、戸数も限られている。民間による豪華で設備の整った住宅もあるが高価であり、誰もが入居できるわけではない。

G38で紹介するのはイギリスにおけるシニアハウスである。これは一般の住宅団地の中にあり、バス停、ショッピングセンター、教会も近い。各部屋は2方向に窓が開き、外の景色を楽しめるように設計されている。シャワーはあるが、危険を避けるため個別の風呂はなく共用になっている。

これまでの生活をなるべく断絶させないため、調度品などの持ち込みや、個人の好みが十分に尊重され、住むことが楽しめるよう配慮されたゆとりある住まいである。

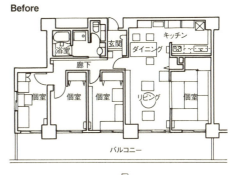
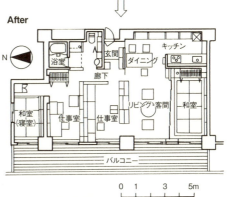

和室からリビングを見る

改修設計：田村建築設計事務所
家族構成：夫婦
延べ床面積：90m²
構造：築22年のRC造マンション
施工：Studio ut
竣工：2007年

G36 ● マンションの改修（F邸）

単身者用小住宅

2人用住宅

G37 ● イギリスの高齢者用集合住宅の平面

暮らしを管理する

　住むということは、暮らしのために必要な住まいをはじめ、生活用具、身のまわりのモノすべてを管理運営することによって成り立つ行為である。管理運営は、まず、何が必要か、どこに収納するのか、その維持管理はどうするかというような、モノとの関係で考えられてきたが、今日、家庭も社会も大きく変貌するなかで、それぞれの個人や家族の生き方、暮らし方は多様化し、価値観も一様ではなく、モノの管理という側面だけに限定して考えることはできない。また、世界経済の流れはグローバル化を加速させ、あらゆる地域の商品や情報が、インターネット等を通じて、家庭の中にまで入ってきている。一方、長い歴史を経て培われ、受け継がれてきた家庭内の生活技術や機能は急速に社会化、外部化してきている。そしてそれを利用することによって暮らしが成り立つしくみになっている。このような時代にあって、私たちは何を基準に自らの生活の仕方を取捨選択して暮らしていけばよいのかという課題に直面している。

　ここでは、時代の流れに翻弄されることなく、家族に軸足を置きながら環境問題も視野に入れて、これからの暮らしと暮らし方をデザインするための情報を検討する。

1 家庭生活の運営

a 家事作業について

　家事作業は、個々の家庭の家族構成、住居形態、職業などの生活条件や地域性によって、その内容、作業量、要求される質が異なる。それらの作業に対する労働は、家庭生活が安全で衛生的に、そして快適に営まれることを目的に行われる。

　さらに、毎日の作業を通して生活の仕方に工夫が加えられ、子供は親のやり方を見習うなど、個々の家庭生活の中で歴史がつくり上げられる。そのことから、家事作業は単に労働を意味するだけではなく、家庭生活の文化を伝承するための大切な役割を担っているともいえる。しかし、今日の大量生産、大量消費、大量廃棄の社会システムのなかでの生活は、便利さ、容易さ、手軽さ、即効性などを選択する価値観をつくり出してきた。したがって、質・量共に家庭内の労働は軽減し、その結果、生活の知識や技術の伝承が十分になされないという状況が指摘されるようになった。

生活を支える作業

調理　掃除　洗濯
アイロン掛け　裁縫
修理修繕　靴みがき
植物の手入れ

人間を対象とする作業

育児しつけ　介護
看護　人の世話
接客

計画や管理をする作業

生活の計画を立てる
献立を考える
買い物　記録
生活情報の整理
旅行の計画

H1 ● 家事作業の種類

● 家事作業の変容

家事作業は、家庭を運営するために不可欠な労働ではあるが「愛情を基本とした家族のための無償の労働」という社会通念によって、経済的評価がされないこと、その内容が広範囲であるにもかかわらず変化に乏しく、毎日の繰り返し作業であること、休日がないこと、などの理由から意欲の湧きにくい労働である。

しかし、今日、世の中の生活や消費に関する考え方が変化し、家事作業も、ガス・電化製品の導入により軽減されるようになった。一方、今まで作業の担い手であった女性の社会進出も増え、家事作業の商品化、外部化が進んだ。

その結果、家庭で行う家事作業は何か、それを誰が受け持つのかが問題になっている。家事作業は、これまで主に女性の役割であり、その限定のなかでの合理化であった。そのような観点から、単に女性が楽になったかのような印象が強まり、そのことが女性への偏った批判となった時期もあった。また、家庭内で、従来行われてきた家事作業は少なくなってきたが、それに代わって、生活情報の選択管理などに見られる新しいタイプの家事作業が加わってきている。これらのことは、家庭生活を営む主体が、女性だけに限定されることなく、家族全員が生活に関心を持ち、生活を向上させる努力が必要なことを示している。そのためには家族全員が家事作業に参加しやすい住まいづくりが必要である。

● 家事作業の機械化

● 家事作業の商品化

● 家事作業の外部化・企業化

食生活：外食産業、加工食品、冷凍食品、献立と食材の宅配、高齢者への食事宅配、出張料理業
衣生活：既製服、クリーニング業、コインランドリー、衣類保管サービス、貸衣装
住生活：家具・植物のリース、維持管理代行、ハウスクリーニング、セキュリティサービス、トランクルーム
その他：家政婦、ホームヘルパー、保育施設、動物ホテル、通信販売、インターネットショッピング、インターネット決済、金銭自動引き落とし、便利屋、冠婚葬祭業

H2 ● 家事作業の変容

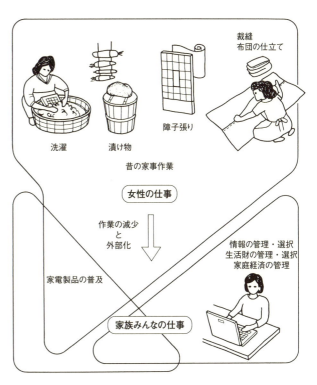

H3 ● 家事作業の分担

▲ 家事作業のための空間

　かつての日本の住まいでは、家事作業の専用空間としては台所があるだけであった。洗濯のためには、たらいと洗濯板を水場に運び、裁縫のためには裁縫箱を好みの場所に持って行き、時間や空間に制約されずに柔軟に作業をしてきた。

　しかし、機械化が進み、生活内容の変化に応じた設備機器の大型化に伴い、作業場所を決定することが必要となり、そのための専用空間が考えられるようになってきた。

　家事作業を能率良く行うには、性格の似た作業や、設備計画上集約したほうがよいと思われる作業を、一つの動線の上に互いに関連づけて配置することが望ましい。このように、住まい全体の計画のなかで、住生活の機能をゾーンごとにまとめる考え方を、ゾーニングという。

　家事作業のための生活圏のほかに、家族のための共同生活の場である公的生活圏、個人性の強い私的生活圏などを基本として、各々の生活圏を確立することによって規律や秩序ある生活空間をつくることができる。しかし、ミシンやアイロンは居間や食堂、寝室で使用する場合もあるように、どこでもできる家事作業もある。

　家事作業を快適にするには、作業を行う人を、限定し孤立させるような家事室とはせず、家族全員にとって、時間的にも空間的にも使いやすい開放的な場にすることが考えられる。

H4 ● 家事作業の専用空間化

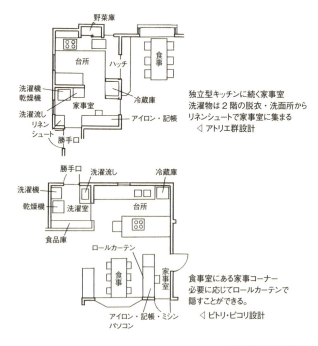

独立型キッチンに続く家事室
洗濯物は2階の脱衣・洗面所からリネンシュートで家事室に集まる
◁ アトリエ群設計

食事室にある家事コーナー
必要に応じてロールカーテンで隠すことができる。
◁ ピトリ・ピコリ設計

H5 ● 家事室の計画例

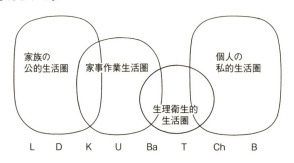

L：リビング　　D：ダイニング
K：キッチン　　U：ユーティリティ
Ba：浴室　　　T：トイレ
Ch：子供室　　B：寝室

H6 ● 住まいのゾーニング

b 作業の能率化

● 作業の姿勢

正しい姿勢での作業は、疲労の蓄積を少なくするばかりでなく、動作の効果も確実に上がる。

収納棚の位置や作業台の高さ、椅子の座面の高さなどの選定は、人体各部の寸法および動作特性や、作業域を理解することから始まる。

体を折り曲げる作業は脊柱への負担が大きい。台を使う、道具を選ぶ、腰を落とすなどの工夫が試みられる

H7 ● 作業姿勢

▲ 座る姿勢

椅子に座ることは、人間にとってごく自然な姿勢である。立っているよりも疲れず、エネルギー消費が少ない。立っている場合は、足、膝、腰の関節に力が加わり、特に動かずにこの状態を続けると、下肢に鬱血(うっけつ)が起こり、痛みを伴う疲労も感じることとなる。作業時間が長くなれば、当然、椅子に腰掛けるほうが楽である。

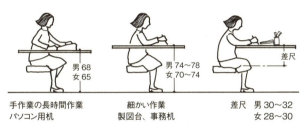

H8 ● 座位作業と台の高さ

■ 作業の場所の条件

作業台の高さは、立位の場合、座位の場合共に背すじを伸ばした状態で、作業が行えるようにする。

座位の場合、膝が無理なく台の下に入るようにする。立位の場合は、つま先の当たる部分に、空間(蹴込み(けこみ))を10cm程度つくる。使用する用具類は作業域や使用回数、物の大きさ、形、重さなどを考えて収納場所を設ける。温湿度や換気など室内環境にも配慮する。

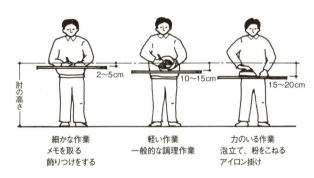

H9 ● 立位作業と台の高さ

◆ 照度基準

能率良く作業を行うためには、十分な明るさが必要である。それぞれの場所に応じて、全体照明と部分照明を併用するのが望ましい。JIS(日本工業規格)は、作業の種類や部屋の用途に適した照度基準を定めている(H10)。

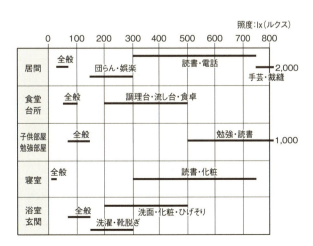

H10 ● 住宅の空間別・作業別照度基準 (JIS Z 9110 より作成)

2 生活財の管理

a 生活財と生活様式

生活水準の向上に合わせて、私たちの住まいの中には、多様な生活財（生活を営むための道具）が持ち込まれるようになった。

とりわけ耐久消費財といわれる大型家電製品や家具などの普及が豊かな生活の指標ともいわれたが、今日それらが十分に行き渡ったにもかかわらず生活財は増え続け、一方で「ほんとうに心豊かな生活とは何か」を問い直す必要に迫られている。狭い空間にモノがあふれることで雑然としてしまい、本来の生活空間が圧迫され、心地よい生活が失われることにもなる。

さらに、清掃のしやすさも快適な生活に重要である。

● モノの増加と暮らし方

日本人の生活の中にモノがあふれる原因は、大量生産・大量消費・大量廃棄の生活スタイル、和風・洋風の生活の二重性、四季、贈答の習慣、モノを捨てられないことなどにある。

雑誌やモデルルームに見られるインテリアは素敵ではあるが、現実の住まいでは、実現が難しいことが多い。快適ですっきりした憧れのインテリアを目指すには、生活財の適正管理が不可欠である。ライフスタイルの見直しで、秩序ある個性的な部屋づくりを実現したい。地価や建築費の高い日本では、大事な空間をたくさんのモノで占領させてしまうのはいかにも、もったいない。住まいの目的は、「倉庫」ではなく、人のための快適な居住空間でありたい。

H11 ● 秩序のない生活空間

H12 ● 日本の住まいはなぜ物が多いのか？

H13 ● 憧れのモデルルーム

b 収納の計画

● 合理的収納

生活に必要な物を有効に使用するためには、維持、保管し、取り出しやすくすることが大切である。

- 必要以上に持たない。
- 物をしまう場所を定めておく。
- しまう際、取り出すときの便利さを考える。
- 使用する場所の近くに収納を考える。
- 収納場所を考えてから購入する。
- 衝動買いをしない。

▲ 収納設備の寸法

収納家具には、一般的な単体家具と、近年注目を集めているシステム家具とがある。システム家具は、幅や高さが何種類かの基本寸法で構成されており、収納品や、部屋の広さによって、その寸法を選択し、組み立てることができる。また枠や扉材の材質や色彩がコーディネートされているため、インテリア性の高い壁面収納が構成できる。

奥行き──物を出したり、しまったりすることを効率良く行うには、その寸法に合った収納具を備えることが必要である。特に奥行きの寸法については、深いからといってたくさんの物が収納できるわけではなく、かえってデッドスペースを増やすことになってしまう。

高さ──人体寸法との関係が深いが、しまう物の重量、重ね方の具合、使用頻度も関係する。棚は可動式にして収納する物の高さに合わせて、変えられるようにする。

容積──壁面収納は天井までの高さのある家具となり、収納容積が大きく、手が届かないこともあるが、使用頻度の低い物を収納できるので便利である。

H14● 収納するための物の分類

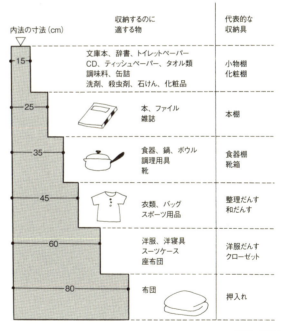

H15● 棚の奥行き

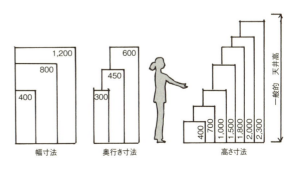

H16● システム家具の基本寸法例

C インテリアデザインと収納

狭い部屋に、高さやデザインの不統一な収納家具を所狭しと並べた室内景観は、雑然として、落ち着きに欠ける。一方、統一されて、すっきりと片付いた室内は、気分も良く清潔感もあり、掃除もしやすい。

● 隙間を生かす

都市の住まいでは、小屋裏をロフト収納、階段下を掘り下げた半地下収納、台所などの床下収納、和室の畳下収納、壁の厚さを利用した小物入れ等などの工夫をする。

ただし、収納があるがために、さらにモノを持ち込んでしまうと、悪循環を起こし、問題解決につながらない。

▲ 素敵な収納インテリア

快適で、片付いた室内を目指すには、生活財などをなるべく増やさないようにする必要がある。生活財選びは、まず自分の好みを自覚して、納得のいく色、デザイン、価格などを十分に検討する。家具は視覚的にも大事なインテリア要素となるので、部屋全体の色彩のコーディネートを図り、すっきりとした室内にする。家具、小物の木質にも濃淡各種あるので、統一性のある色彩にまとめることを心掛けると、色の混乱も少ない。一部のシステム家具には、収納家具、食卓セット、床材や各部材とのコーディネートを配慮した製品もある。

収納家具はプラスチック製品や原色の色は飽きやすいので、好みのモノをじっくり選び、廉価ゆえの衝動買いを控えて、統一性のあるインテリアデザインを目指せば、快適な空間になるであろう。

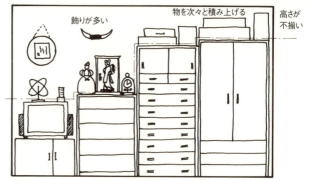

H17● 統一性のない家具配置

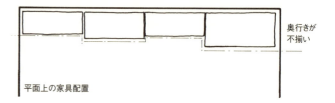

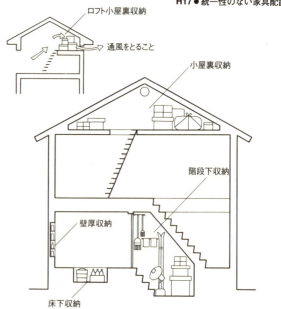

H18● 隙間を生かした収納例

H19● 収納家具を用いた統一性のある室内

■生活空間と収納空間のバランス

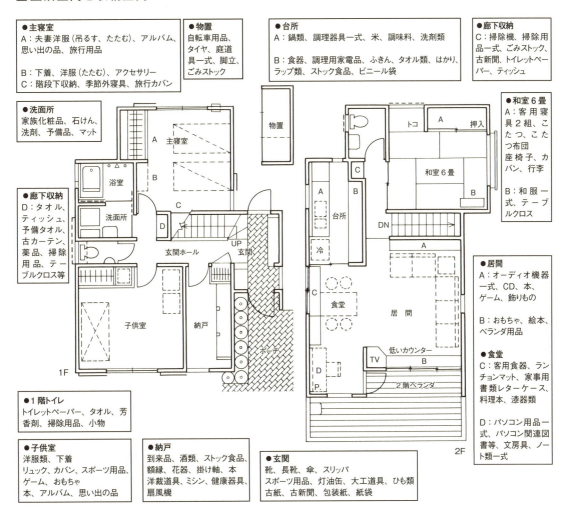

H20 ● ある住まいの収納例

◆「断捨離」

ヨガの概念からの発想である「断行・捨行・離行」。やましたひでこ氏の造語で、その著作『断捨離』でこの考え方を提案し、モノがあふれた社会、家庭の生活に衝撃をもたらした。身のまわりの不要なモノを捨て、快適なシンプル生活を目指す。

◇断――入ってくるモノを絶ち、モノを持つ習慣を絶つ

◇捨――家にずっとある不要なモノを捨てる。自分の地位を捨てる。必要なモノは何か？　常に問いかける

◇離――モノへの執着から離れる。こだわりから離れる。自分好みの心豊かで、シンプルな生活を心掛ける

コラム●断捨離の効果

- 片付けられない原因が分かる
- 捨てられないと思っていたモノが、捨てられるようになる
- 整理し、その状態を維持できる
- 余計なことで煩わされることなく大切なことに集中できるようになる
- 仕事や他人との関係性を見直すことができる
- 自分軸（自分の好みなど）をもっと大切にする生き方ができる
- ストレスが減って気持ちが楽になる
- 健康になる

3 情報の管理

a 情報環境の変化と情報管理

今日、私たちは多くの情報に取り囲まれて生活している。その発信源は、友人・知人など日常的に属している社会から全世界まで多岐にわたる。さらに、その伝達媒体は、郵便、電話、印刷物など従来のものから、今日最も多量かつ速く情報を伝達するインターネットまで様々である。

家庭においても例外ではなく、日々膨大な情報がもたらされる。その中から必要で正確なものだけを取捨選択して整理・記録・保管する能力、さらに、必要に応じてそれら情報を他者に伝達する能力がますます求められるようになった。

携帯電話、スマートフォン、パソコンなどの機器やSNSなどの普及は情報伝達に利便性などをもたらした反面、有害情報が個人に直接届いてしまうことなどから、犯罪に巻き込まれるなどの弊害も生んだ。特に、子供が好ましくない情報に接することのないよう配慮が必要である。

一方、個人からの情報発信が容易になったことは、発信者情報を悪用される機会を増大させた。その対応策の一つとして個人情報の保護に関する法律（個人情報保護法、2003年）が制定されたが、これだけでは十分といえない。個人が安易な情報発信をしないよう注意したい。

取捨選択した情報を整理・記録・保管するには、記帳や印刷物などの利用による従来型記録方式と、デジタルデータをディスクやメモリなどに記録するデジタル型記録方式が考えられる。

情報の種類や保管時間、保管場所、活用方法、伝達方法などによって両方を使い分けることが望ましい。

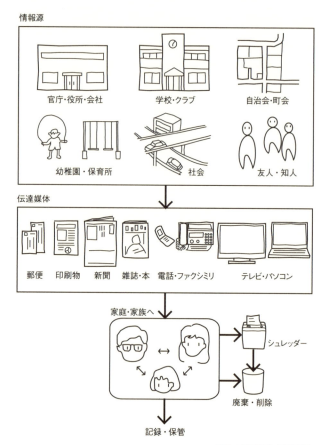

H21 ● 情報源と伝達媒体

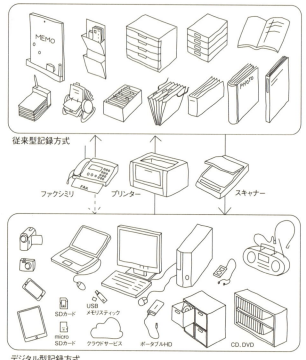

H22 ● 情報の記録と保管

b 家庭内における情報化

●情報化の影響

情報化とは、インターネットに代表される情報通信技術が広く社会に普及し浸透している状況をいうが、家庭も情報化の影響を大きく受けている。

住まいの中のほとんどの電化製品は、内蔵されているマイクロプロセッサと呼ばれる小さなコンピュータのデジタル情報により自動制御されている。掃除などの家事を専門に行うロボットも開発されるなど、デジタル家電による家事の軽減化はさらに進められている。

双方向からの情報伝達を可能にしたインターネットは、家庭にも急速に普及したが、デジタル家電とのネットワークにより、在宅でも可能な活動を増やしたり、外出先から住まいの状況を知る、離れた家族の安否を確認するなども可能にした。

これからも、通信技術の発達などにより、家庭内の情報化はさらに進み、衣・食・住・家庭管理それぞれの分野に様々な影響を及ぼし続けると予測される。

▲情報化の問題点

情報化は、家事の軽減化による女性の社会進出、高齢者の安全、防犯・防災などの分野で恩恵をもたらした反面、様々な問題点も指摘されている。特に懸念されるのは、個人の認識能力の低下と生活知識・技術の衰退である。特に子供が、きちんとした価値観を形成する前に、ネットワーク上のあまりにも多過ぎる情報の中から、取り入れる情報を間違えると、人格形成にも危険な影響を及ぼしかねない。家庭は、子供が一人前に自立するための生活の知識や技術を教え伝える役割を担っているが、それらを家族から直接学ぶことで確かなものとなる。

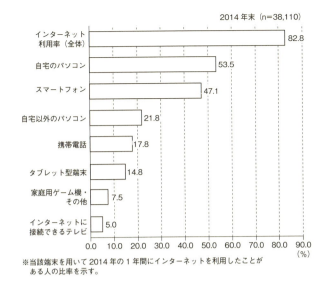

H23 ● インターネット利用端末の種類

情報検索	WWW (World Wide Web)	コミュニケーション	電子メール（E-mail）
	サーチエンジン		メーリングリスト
情報発信	Web サイト ホームページ		チャット
	メールマガジン		電子掲示板（BBS）
	ブログ		テレビ会議
			動画共有サイト
	SNS（Social Networking Service）		SNS（Social Networking Service）
映像・音楽	音楽配信	その他	ネット取引
	ビデオオンデマンド		応募・申請・申告
	ライブ映像		ネットゲーム
	インターネット中継		リモートアクセス

H24 ● インターネットでできること

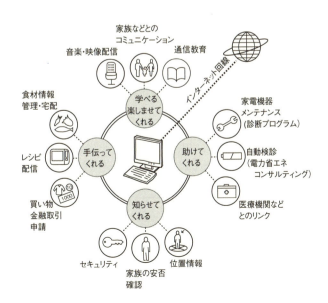

H25 ● ネットワーク家電で広がるライフスタイル

参考文献

1 人間と生活・住まい

M.A.イリーン・E.ガゼール著、袋一平訳『人間の歴史 上下』岩波書店、1971
NHK現代の科学グループ著『ヒトの住む星―やさしいエコロジー入門』日本生産性本部、1971
R.A.フォーティ著、渡辺政隆訳『生命40億年全史』草思社、2003
和歌森太郎著『柳田国男と歴史学 NHKブックス241』日本放送出版協会、1975
柳田国男著、益田勝実解説『明治大正史(世相篇) 東洋文庫105』平凡社、1967
半藤一利著『昭和史 1926～1945 平凡社ライブラリー』平凡社、2009
開国百年記念文化事業会編、渋沢敬三編『明治文化史12 生活篇』洋々社、1955
小林高寿著『史跡 江戸の下町―浅草・吉原・向島』新人物往来社、1975
今和次郎著、今和次郎コレクション委員会編『野暮天先生講義録』ドメス出版、2002
菅野俊輔監修『図説 世界があっと驚く江戸の元祖エコ生活』青春出版社、2008
稲葉和也・中山繁信著『建築の絵本 日本人のすまい 住居と生活の歴史』彰国社、1983
野田正穂・中島明子編『都市叢書 目白文化村』日本経済評論社、1991
藤森照信著『藤森照信の原・現代住宅再見』TOTO出版、2002
内田青蔵著『同潤会に学べ―住まいの思想とそのデザイン』王国社、2004
渡辺光雄著『百の知恵双書18 窓を開けなくなった日本人―住まい方の変化六〇年』農文協、2008
倉渕隆著『建築環境工学』市ヶ谷出版社、2006
B.モリソン・R.ミアスレイ著、田口恒夫・小祝慶子訳『パーマカルチャー―農的暮らしの永久デザイン』農文協、1993
三浦昌生著『基礎力が身につく 建築環境工学』森北出版、2006
日本建築家協会環境行動委員会編『建築環境ガイドブック』建築ジャーナル、2007
林昭男著『サステイナブル建築』学芸出版社、2004
小松義夫著『Living on Earth 地球生活記』福音館書店、1999
暉峻淑子著『豊かさとはなにか(岩波新書)』岩波書店、1989
F.ブッシェほか著、小野塚昭三郎訳『ル・コルビュジエ 建築家の仕事』すえもりブックス、2003
農村開発企画委員会編『図集 集会所つくり』農文協、1983
コウハウジング研究会・C.デュレ・C.マッカマン著『コウハウジング』風土社、2000
R.P.ドーア著、青井和夫・塚本哲人訳『都市の日本人』岩波書店、1962
Athena Steen, Bill Steen and Eiko Komatsu : Built by Hand, Gibbs Smith Publisher, 2003
若山滋・TEM研究所著『建築の絵本 世界の建築術 人はいかに建築してきたか』彰国社、1986
日本家政学会編『住まいと住環境』朝倉書店、1991
松村祥子編『世界の社会福祉』放送大学教育振興会、1997
松村祥子ほか編『世界の社会福祉年鑑2007[第一部 家族と社会]』旬報社、2007
吉野正治編著『ザ・ハウス/ザ・ホーム―豊かで確かな選択に向かって』家政教育社、1985(「生活行為の分類と生活空間」の図)
岡田光正著『建築人間工学 空間デザインの原点 第2版』オーム社、2015
消費者庁「国民生活審議会 第1章 国民生活の現状と新しい動き 第3節 家族、コミュニティ」
広田照幸『〈家族〉概念の成立 －明治前期の家族と親族―』
縄田康光「歴史的に見た日本の人口と家族」立法と調査 2006.10
厚生労働白書「平成28年版－人口高齢化を乗り越える社会モデルを考える」
中川寛子著『解決！空き家問題(ちくま新書)』筑摩書房、2015
牧野知弘著『空き家問題―1000万戸の衝撃(祥伝社新書)』祥伝社、2014
「特集 空き家に罪はない」建築ジャーナル2016年2月号
つなが〜るズ『くさる家に住む。』六耀社、2013
内田青蔵著『同潤会に学べ 住まいの思想とそのデザイン』王国社、2004
中村勉・近角真一・白江龍三・伊藤正利著『世界でいちばん受けたい環境デザインの授業』エクスナレッジ、2017

2 生活行為と生活空間

八木冕監修、新美良純・堀忠雄共著『現代の心理学2 睡眠 その生理心理学』培風館、1974
神山潤著『睡眠の生理と臨床 改訂第2版 健康を育む「ねむり」の科学』診断と治療社、2008
小原二郎・梁瀬度子監修、松下電工技術研究所編『眠りと寝室の科学』松下電工ライフスケッチ研究室、1988
小川光暘著『寝所と寝具の文化史』雄山閣、1984
吉田集而編『眠りの文化論』平凡社、2001
遠藤四郎・奥平進之編『不眠症(有斐閣選書)』有斐閣、1981
前川泰次郎著『眠りとベディング 人生の1/3を考える』日本工業新聞社、1988
鳥居鎮夫著『朝がうれしい「眠り学」 眠り上手になる55の秘訣』同文書院、1992
P.ディビ、松浪未知世訳『寝室の文化史』青土社、1990
新福尚武著『睡眠と人間(知的生き方文庫)』三笠書房、1985
小原二郎著『人間工学からの発想 クオリティ・ライフの探求 (ブルーバックス)』講談社、1982
小原二郎著『暮らし中の人間工学』実教出版、1977
泉靖一編『住まいの原型Ⅰ SD選書61』鹿島出版会、1971
扇田信・西村一朗・今村範子「住様式に関する研究―寝床様式及び主寝室構成について」住宅建築研究所報、1979
瀬川清子著『日本人の衣食住 日本の民族 第2巻』河出書房新社、1964
平井聖著『図説 日本住宅の歴史』学芸出版社、1980
平井聖著『日本住宅の歴史 NHKブックス209』日本放送出版協会、1974
内田青蔵著『あめりか屋商品住宅―「洋風住宅」開拓史 (住まい学大系006)』住まいの図書館出版局、1987
内田青蔵・大川三雄ほか編『新版 図説・近代日本住宅史』鹿島出版会、2008
黒沢隆著『住宅の逆説 生活編』レオナルドの飛行機出版会、1976
黒沢隆著『個室群住居 崩壊する近代家族と建築的課題(住

まい学大系088)』住まいの図書館出版局、1997
後藤久監修『基礎シリーズ　住居学入門』実教出版、1999
小沢朝江・水沼淑子著『日本住居史』吉川弘文館、2006
中根芳一編『私たちの住居学　サスティナブル社会の住まいと暮らし』理工学社、2006
小泉和子著『家具と室内意匠の文化史』法政大学出版局、1979
岡崎喜熊著『敷物の文化史』学生社、1981
松下幸子著『祝いの食文化　東京芸術選書61』東京美術、1991
岸朝子著『岸朝子の「食」の作法も美味のうち』日本文芸社、2006
GKインダストリアルデザイン研究所編『台所空間学』筑摩書房、1985
石毛直道著『食卓文明論　チャブ台はどこへ消えた？（中公新書）』中央公論社、2005
石毛直道著『食卓の文化誌（岩波現代文庫）』岩波書店、2004
石毛直道著『食事の文明論（中公新書）』中央公論社、1982
足立己幸・秋山房雄著『食生活論』医歯薬出版、1987
豊川裕之著『食生活と健康（講座現代と健康）』大修館書店、1975
田口重明著『食の周辺―食文化論へのいざない』建帛社、1982
食べもの文化研究会著『食生活の豊かさとは　食文化への提言①』芽ばえ社、1986
石毛直道ほか編『人間・たべもの・文化　食の文化シンポジウム'80』平凡社、1980
梅棹忠夫・石毛直道ほか著『食事の文化　世界の民族ゼミナール』朝日新聞社、1980
山口貴久男著『戦後にみる食の文化史』三嶺書房、1983
下田吉人著『日本人の食生活史』光生館、1965
河野友美著『日本人の味覚（玉川選書）』玉川大学出版部、1980
児玉定子著『日本の食事様式―その伝統を見直す（中公新書）』中央公論社、1980
玉村豊男著『文明人の生活作法（新潮文庫）』新潮社、1984
西丸震哉著『食物の生態誌（中公文庫）』中央公論社、1979
山田幸一監修、高橋昭子・馬場昌子著『物語/ものの建築史　台所のはなし』鹿島出版会、1986
栄久庵憲司＋GK研究所著『台所道具の歴史』柴田書店、1976
山口昌伴・GK研究所『図説台所道具の歴史』柴田書店、1978
柳田国男編『日本人』毎日新聞社、1976
J.P.ムーサス著『「縁側」の思想　アメリカ人建築家の京町家への挑戦』祥伝社、2008
今和次郎著『今和次郎集　第4巻　住居論』ドメス出版、1971
今和次郎著『今和次郎集　第5巻　生活学』ドメス出版、1971
今和次郎著『今和次郎集　第6巻　家政論』ドメス出版、1971
日本生活学会編『生活学　台所の100年』ドメス出版、1999
日本生活学会『生活学　食の100年』ドメス出版、2001
日本生活学会『生活学　住まいの100年』ドメス出版、2002
日本生活学会『生活学　家庭生活の100年』ドメス出版、2003
沢田知子著『ユカ坐・イス坐　起居様式にみる日本住宅のインテリア史　住まい学体系066』住まいの図書館出版局、1995
鈴木成文ほか編著『現代日本住居論』放送大学教育振興会、1994
鈴木成文著『住まいを読む―現代日本住居論』建築資料研究社、1999
梅干野晁著『住まいの環境学』放送大学教育振興会、1995
鈴木成文・上野千鶴子・山本理顕ほか著『「51C」家族を容れるハコの戦後と現在』平凡社、2004
住文化研究会著『住まいの文化――豊かな暮らしのためのテキストブック』学芸出版社、1997
川崎衿子・茂木美智子編著『生活文化を考える』光生館、2002
篠原聡子・大橋寿美子・小泉雅生＋ライフスタイル研究会編著『変わる家族と変わる住まい―"自在家族"のための住まい論』彰国社、2002
渡辺武信著『住まい方の実践（中公新書）』中央公論社、1997
西川祐子著『住まいと家族をめぐる物語（集英社新書）』集英社、2004
川崎衿子編、川崎衿子・大井絢子著『ライフスタイルで考える1　つきあいを楽しむ住まい』彰国社、1996
川崎衿子編、大井絢子・川崎衿子著『ライフスタイルで考える2　家事とたたかう住まい』彰国社、1996
川崎衿子編、川崎衿子・大井絢子著『ライフスタイルで考える3　食卓が楽しい住まい』彰国社、1997
川崎衿子編、水沼淑子著『ライフスタイルで考える4　和・洋の心を生かす住まい』彰国社、1997
小原二郎・加藤力・安藤正雄編『インテリアの計画と設計』彰国社、1986
インテリアデザイン教科書研究会編『インテリアデザイン教科書』彰国社、1993
加藤力著『インテリアコーディネーターの人間工学』ハウジングエージェンシー出版局、1992
藤井正一・小原二郎監修『インテリアコーディネーターハンドブック　技術編』インテリア産業協会、1994
『改訂新版　キッチンスペシャリストハンドブック』インテリア産業協会、2007
稲葉和也・中山繁信著『建築の絵本　日本人の住まい　住居と生活の歴史』彰国社、1983
石毛直道著『住居空間の人類学　SD選書54』鹿島出版会、1971
玉城肇著『家と女の歴史』黒潮社、1956
湯沢雍彦・中原順子・奥田都子・佐藤裕紀子著『百年前の家庭生活』クレス出版、2006
下川耿史（家庭総合研究会）著『明治・大正家庭史年表1868-1925』河出書房新社、2000
櫛田真澄著『男女平等教育阻害の要因　明治期女学校教育の考察』明石書店、2009
国分康孝著『〈つきあい〉の心理学（講談社現代新書）』講談社、1982
米山俊直著『日本人の仲間意識（講談社現代新書）』講談社、1976
河合隼雄著『家族関係を考える（講談社現代新書）』講談社、1980
上田篤・西川幸治・梅棹忠夫・多田道太郎著『日本人の生活空間（朝日選書）』朝日新聞社、1977

滝沢健児著『すまいの明暗（中公新書）』中央公論社、1982
山本厚生・中島明子編著『家族と住まい　新・住宅設計論』ドメス出版、1985
中根千枝著『家族を中心とした人間関係（講談社学術文庫）』講談社、1977
金城清子著『家族という関係（岩波新書）』岩波書店、1985
荒木博之著『日本人の行動様式（講談社現代新書）』講談社、1973
瀬谷正敏著『対人関係の心理　現代の心理学5』培風館、1977
加藤秀俊著『習俗の社会学』PHP研究所、1978
商品科学研究所＋CDI編『生活財生態学　現代家族のモノとひと』リブロポート、1980
中根千枝著『タテ社会の人間関係（講談社現代新書）』講談社、1967
村上信彦著『服装の歴史　1〜5巻』理論社、1982
今和次郎著『今和次郎集　第7巻　服装史』ドメス出版、1972
今和次郎著『今和次郎集　第8巻　服装研究』ドメス出版、1972
川崎衿子編『ライフスタイルで考える7　衣生活を整える住まい』彰国社、1998
日本生活学会編『生活学　衣と風俗の100年』ドメス出版、2003
今和次郎著、荻原正三編『絵葉書通信　欧州紳士淑女以外——今和次郎見聞野帖』柏書房、1990
白洲正子著『白洲正子 "ほんもの" の生活　とんぼの本』新潮社、2001
柳田国男著、増田勝美解説『明治大正史　世相篇』平凡社、1967
渡辺ミチ著『衣服衛生と着装』同文書院、1978
河鰭実英著『きもの文化史　SD選書8』鹿島出版会、1965
吉永フミほか著『新版　被服整理学　その実践』光生館、1988
奥山春彦・水梨サワ子監修『最新被覆科学シリーズ　被服整理学』相川書房、1976
太田博太郎著『日本建築史序説』彰国社、1948
文化史懇談会編、太田博太郎編『日本美術史叢書5　書院造』東京大学出版会、1966
三浦豊彦ほか著『健康科学ライブラリー3　衣服と住まいの健康学』大修館書店、1984
東京国立博物館編『日本の服飾美術』東京美術、1966
内藤昌著、穂積和夫／イラスト『江戸の町　上・下』草思社、1982
廃棄物学会ごみ文化研究部会・NPO日本下水文化研究会屎尿・下水研究分科会編『はなしシリーズ　ごみの文化・屎尿の文化』技報堂出版、2006
西山夘三『すまい考今学—現代日本住宅史』彰国社、1989
日経アーキテクチュア＋松浦隆幸編『住宅アンソロジー1981-2000』日経BP社、2008
東京都歴史文化財団編『江戸東京たてもの園解説本』東京都歴史文化財団
R.ダムマン著、高橋元訳『エコロジー建築』青土社、1995
山田國廣編、本間都・加藤英一・鷲尾圭司著『水の循環　地球・都市・命をつなぐ "くらし革命"』藤原書店、2002
片谷教孝・鈴木嘉彦著『循環型社会入門』オーム社、2001
「CONFORT」各号、建築資料研究社
川内美彦著『ユニバーサル・デザイン—バリアフリーへの問いかけ』学芸出版社、2001

レインドロップス編著『雨の事典　空と海と大地をつなぐ』北斗出版、2001
日本建築学会編『雨の建築学』北斗出版、2000
グループ・レインドロップス編著『やってみよう雨水利用　まちをうるおすみんなの工夫』北斗出版、1995
石井勲・山田國廣著『下水道革命　河川荒廃からの脱出』藤原書店、1995
中西準子著『都市の再生と下水道』日本評論社、1979
鴨下一郎著『からだによい水、地球によい水』TOTO出版、1993
本田豊著『絵が語る　知らなかった江戸のくらし』遊子館、2009
中江克己著『図説　見取り図でわかる！江戸の暮らし』青春出版社、2009
上田三根子ほか著『地球となかよく暮らす本　エコロジカル・ライフ・スタイル・ブック』ファンハウス、1990
吉田桂二著『これからのエコロジー住宅　21世紀のトータルな健康のために』ほたる出版、1996
「ひと・環境計画」、石原知久・大川健・嶋津民男・白岩巌・高橋元・濱田ゆかり著『健康な住まいづくりハンドブック』建築資料研究社、2001
足立和郎著『ナチュラルハウスをつくろう　環境と健康を考えた住まいづくりのガイドブック』白馬社、1998
小若順一・高橋元編著『健康な住まいを手に入れる本』コモンズ、1997
女性建築技術者の会著『あかるくさわやかサニタリー』経済調査会、1989
国土交通省総合政策局監修『すべての人にやさしいトイレをめざして』大成出版社、2002
光藤俊夫・中山繁信著『建築の絵本　すまいの火と水　台所・浴室・便所の歴史』彰国社、1983
谷直樹・遠州敦子著『物語／ものの建築史　便所のはなし』鹿島出版会、1986
彰国社編『光・熱・音・水・空気のデザイン　人間環境と建築ディテール』彰国社、1980
住環境の計画編集委員会編『住環境の計画1　住まいを考える』彰国社、1992
渡辺光雄・中村民也著『住み方を創る　人とモノとのいい関係』連合出版、1988
三村浩史著『すまい学のすすめ』彰国社、1989
李家正文監修『図説厠まんだら』INAX出版、1995
F.L.ライト著、高島平吾訳『風呂トイレ讃歌』晶文社、1989
M.バーロウ・T.クラーク著、鈴木主税訳『「水」戦争の世紀（集英社新書）』集英社、2003
ごみ・環境ビジョン21編『ごみ問題を子どもに教えるためのガイド』星の環会、2009
町田忍・上野誠著『NHK知るを楽しむ　歴史に好奇心　あ〜極楽の銭湯史』日本放送出版協会、2008
小泉和子著『和家具』小学館、1996
落合茂著『"洗う" 文化史話　入浴と洗濯の歩み』花王石鹸、1973
落合茂著『洗う風俗史』未来社、1984
藤岡通夫著『近世の建築（芸術選書）』中央公論美術出版、1971
武田勝蔵著『風呂と湯の話』塙書房、1986
V.デァ・リン著、西村肇・小川彰訳『トイレットからの発想（ブルーバックス）』講談社、1980
E.S.モース著、上田篤・加藤晃規・柳美代子訳『日本のすまい　内と外』鹿島出版会、1979

楠本正康著『こやしと便所の生活史　自然とのかかわりで活きてきた日本民族』ドメス出版、1981

山田幸一・大場修著『物語／ものの建築史　風呂のはなし』鹿島出版会、1986

市川正徳著『図解で見る　江戸民俗史』けいせい、1972

堀越正雄著『水道の文化史―江戸の水道・東京の水道』鹿島出版会、1981

楠本正康著『下水は自然をめぐる―下水道・そのよりよいあり方を求めて』第一法規出版、1982

中西準子著『下水道　水再生の哲学』朝日新聞出版社、1983

松田妙子著『家をつくって子を失う―中流住宅の歴史　子供部屋を中心に』住宅産業研修財団、1998

ミサワホーム広報部編『家は子どものためにつくるもの』ごま書房新社、2000

仙田満著『対訳　こどものためのあそび空間』市ヶ谷出版社、1998

四十万靖・渡邊朗子著『頭のよい子が育つ家』日経BP社、2006

北浦かほる著『世界の子ども部屋　子どもの自立と空間の役割』井上書院、2004

大森和子ほか著『家事労働』光生館、1981

小林登著『子ども学』日本評論社、1999

内田青蔵著『日本の近代住宅』鹿島出版会、1992

清家清著『やすらぎの住居学』情報センター出版局、1984

田中哲郎著『お母さんシリーズ7　こどもの事故防止―母親の力で事故を防ごう』日本小児医事出版社、1996

織田正昭著『高層マンション子育ての危険――市化社会の母子住環境』メタモル出版、2006

小澤紀美子編『豊かな住生活を考える―住居学』彰国社、1987

「日本の子ども（ジュリスト増刊総合特集）」有斐閣、1979

藤本浩之輔著『子どもの遊び空間　NHKブックス204』日本放送出版協会、1974

増田米二著『原典　情報社会　機会開発者の時代へ』TBSブリタニカ、1985

久保田誠之・酒井靖夫編『情報化住宅設備設計実務便覧』フジ・テクノシステム、1985

東孝光著『住まいと子どもの居場所100章』鹿島出版会、1987

C.レイナー著、湯川利和・中島明子訳『子どもと住まい　住まいの本3』鹿島出版会、1977

外山知徳著『住まいの家族学』丸善、1985

高見澤たか子著『「終の住みか」のつくり方（集英社文庫）』集英社、2008

富田玲子著『小さな建築』みすず書房、2007

一番ヶ瀬康子監修、阿部祥子著『高齢時の住まい』一橋出版、2004

松村祥子著『欧米の社会福祉』放送大学教育振興会、2007

外山義著『クリッパンの老人たち　スウェーデンの高齢者ケア』ドメス出版、1990

三浦文雄著『図説高齢者白書　2006年度版』全国社会福祉協議会、2007

内閣府編『高齢社会白書　2016年度版』日経印刷、2016

楢崎雄之著『図解　高齢者・障害者を考えた建築設計』井上書院、2000

東京商工会議所編『福祉住環境コーディネーター検定試験3級公式テキスト』東京商工会議所

野村歓著『高齢者・障害者の住まいの改造とくふう』保健同人社、1995

一番ヶ瀬康子著『高齢社会の女性福祉』ドメス出版、2003

イギリス政府編、湯川利和・小川裕子訳『老人のための居住空間』学芸出版社、1981

片岡泰子ほか著『住まいのQ＆A高齢者対応リフォーム』井上書院、2003

上野千鶴子著『おひとりさまの老後』法研、2007

小谷部育子：高齢社会への一つの回答、TOTO出版、1995

渡辺武信著『住まい方の思想　私の場をいかにつくるか（中公新書）』中央公論社、1983

A.ジョリー著、矢野喜夫・菅原和孝訳『ヒトの行動の起源　霊長類の行動進化学』ミネルヴァ書房、1982

木下茂徳ほか著『身体障害者・老人のための建築と計画』鹿島出版会、1977

神谷宏治・池沢喬・恩田幸夫著『新しい住まいとコミュニティ』ダイヤモンド社、1978

早川和男著『住宅貧乏物語（岩波新書）』岩波書店、1979

小泉明編著『生活と健康　講座現代と健康　別巻2』大修館書店、1978

吉田あこ編『住まいを問い直す本　高齢化時代の住まいづくり　いま考えること、なすべきこと』彰国社、1988

辺見庸著『もの食う人々（角川文庫）』角川書店、1997

石毛直道著『日本の食文化―旧石器時代から現代まで』岩波書店、2015

片岡輝著『人はなぜ語るのか』アイ企画、2016

本田豊著『遊子館歴史選書　絵が語る知らなかった江戸のくらし』遊子館、2008

中江克己著『図説見取り図で読み解く　江戸の暮らし』青春出版社、2007

後藤久著『西洋住居史』彰国社、2005

後藤久著『都市型住宅の文化史―石の文化と木の文化　NHKブックス497』日本放送出版協会、1986

結城康博著『在宅介護「自分で選ぶ」視点から（岩波新書）』岩波書店、2015

やましたひでこ著『50歳からラクになる　人生の断捨離（祥伝社黄金文庫）』祥伝社、2016

R.L.カーソン著、青樹簗訳『沈黙の春（新潮文庫）』新潮社、2004

小泉和子著『道具が語る生活史（朝日選書）』朝日新聞社、1989

太田邦夫著『木のヨーロッパ　建築とまち歩きの事典』彰国社、2015

宮崎玲子著『世界台所博物館』柏書房、2009

進士五十八ほか著『風景デザイン―感性とボランティアのまちづくり』学芸出版社、1999

アル・ゴア著、枝廣淳子訳『不都合な真実』ランダムハウス講談社、2007

J.D.テイラー著、後藤久訳『絵典　世界の建築に学ぶ知恵と工夫』彰国社、1989

鎌田浩毅著『地球の歴史　上中下（中公新書）』中央公論社、2016

王其鈞著、恩田重直監修、押川雄孝・郭雅坤訳『図説　民居　イラストで見る中国の伝統住居』科学出版社東京、2012

図版出典

1 人間と生活・住まい

1　谷合稔著『サイエンス・アイ新書　地球・生命―138億年の進化』SBクリエイティブ、2014
4　高久史麿・猿田享男・北村惣一郎・福井次矢総合監修『六訂版　家庭医学大全科』法研、2010
7、10　高橋研究室編『かたちのデータファイル　デザインにおける発想の道具箱』彰国社、1984
8　日本建築学会編『日本建築学会設計計画パンフレット12　モジュールと設計』彰国社、1961をもとに作成
13　『国連人口統計年鑑　2014年版』をもとに作成
14　内閣府『平成27年度版　少子化社会対策白書』
15　厚生労働省厚生科学審議会（健康日本21（第二次）推進専門委員会）2015年資料
17　厚生労働省大臣官房統計情報部『平成26年　グラフでみる世帯の状況―国民生活基礎調査（平成25年）の結果から―』2014、厚生労働省大臣官房統計情報部資料
18　統計数理研究所「日本人の国民性調査」資料
19　厚生労働省『平成16年版　働く女性の実情』資料
20　内閣府『平成19年度版　国民生活白書』資料
23　国土交通省『平成28年度　住宅経済』関連データ資料
24　提供／岐阜県白川村役場
25　稲葉和也・中山繁信著『建築の絵本　日本人のすまい』彰国社、1983
26　撮影／Civic Force
27　総務省統計局「労働力調査ミニトピックス No.17」資料
28　厚生労働省「平成25年度　雇用均等基本調査（事業者調査）」資料
30　公益財団法人武蔵野生涯学習事業団
31、91　彰国社写真部
32　提供／道の駅 保田小学校
33下　茂木計一郎・稲次敏郎・片山和俊著『中国民居の空間を探る』建築資料研究社、1991
34　Wikimedia Commons
35　提供／Chicago Historical Society
36　撮影／彰国社編集部
37　工事画報社編『土木建築工事画報　第10巻第8号』工事書報社、1934
38下　SDS編集委員会編『SDS 第8巻　集合』新日本法規出版、1996
39　撮影／砺波周平
40、85　つなが～るズ著『くさる家に住む。』六耀社、2013
41　提供／HAN環境・建築設計事務所
43　撮影／濱田ゆかり
44　提供／ビオフォルム環境デザイン室
45　Tom Chance/Wikimedia Commons
46　NHK現代の科学グループ著『ヒトの住む星　やさしいエコロジー入門』日本生産性本部、1971をもとに作成
49、51、52、53、55　Paul Oliver : Dwellings, Phaidon Press Limited, 2003
50、54、56　Athena Steen, Bill Steen and Eiko Komatsu (Photographs : Yoshio Komatsu) : Built by Hand, Gibbs Smith Publisher, 2003
58、61、63、65、16ページコラム　提供／Studio PRANA（林美樹）
64　西山夘三著『すまい考今学―現代日本住宅史』彰国社、1994
66　井上忠司「食卓生活史の調査と分析」（石毛直道・井上忠司編『現代日本における家庭と食卓―銘々膳からチャブ台へ』国立民族学博物館研究報告別冊16号、1991年）
67　竹中工務店設計部編『環境と共生する住宅「聴竹居」実測図集』彰国社、2001
68、69　独立行政法人都市再生機構
70　積水ハウス株式会社
71　国土交通省「住宅着工統計調査報告」資料
74　気象庁の資料をもとに作成
75　（一社）ウッドマイルズフォーラム資料
76　環境省「産業廃棄物の排出及び処理状況等（平成25年度実績）」資料、国土交通省「リサイクルHP」資料
79　国土交通省「住宅・建築物の環境対策に関する　最近の動向について」資料（住環境計画研究所、各国の統計データに基づき作成資料、2010より）
80　（一社）えねこや
82　東京都水道局「平成27年度　一般家庭水使用目的別実態調査」資料より作成
86　NHKそなえる防災「ヒートランド緩和の決め手とは」資料
89　中根芳一編著『私たちの住居学』理工学社、2006
92　日本火災学会編『火災便覧　第3版』共立出版、1997より作成
93　CASBEE 建築環境総合評価システム「レジリエンス住宅チェックリスト」より作成
17ページコラム：撮影／箕輪弥生

2A

A4　神山潤著『睡眠の生理と臨床　改訂第2版』診断と治療社、2008
A5　小原二郎・梁瀬度子監修、松下電工技術研究所編『住まいのアメニティ選書　眠りと寝室の科学』松下電工ライフスケッチ研究室、1988
A6　NHK放送文化研究所「2015年国民生活時間調査報告書」ウェブサイト資料
A10　小原二郎・梁瀬度子監修、松下電工技術研究所編『住まいのアメニティ選書　眠りと寝室の科学』松下電工ライフスケッチ研究室、1988をもとに作成
A13　小原二郎・内田祥哉・宇野英隆編『建築・室内・人間工学』鹿島出版会、1972
A15左　泉靖一編著『住まいの原型　Ⅰ SD選書61』鹿島出版会、1978をもとに作成
A16　宮崎玲子著『世界の台所博物館』柏書房、1988
A19、A20　M.M.ペグラー著、光藤俊夫監訳『インテリア・家具辞典』丸善、1990をもとに作成
A21　SKANSEN.Scala Publishers Ltd.,1995
A25　新建築学大系編集委員会編『新建築学大系14　ハウジング』彰国社、1985
A26　平井聖著『図説　日本住宅の歴史』学芸出版社、1980
A27　「住宅」1917年3月号（住宅改良会主催、第一回設計競技第一等入選集）
A30、A31、A37　日本建築学会編『建築設計資料集成3　単位空間Ⅰ』丸善、1980
A34　撮影／柴田篤
A35、A36、A39　日本建築学会編『コンパクト建築設計資料集成［住居］　第2版』丸善、2006
A40　今和次郎コレクション「四帖半の間借」1925（原画は工学院大学図書館所蔵）
A43　建築学大系編集委員会編『新訂建築学大系22　室内環境計画』彰国社、1969をもとに作成

A46　商品科学研究所編「Core　No.46」1989年9月号、商品科学研究所

2B
B1　厚生労働省「平成26年　国民健康・栄養調査報告」資料
B2　「食生活指針」文部省・厚生省・農林水産省決定(平成28年6月一部改正)資料
B4　実教出版出版部『図説家庭科資料集』実教出版
B5　『改訂新版　キッチンスペシャリストハンドブック』インテリア産業協会、2007より作成
B7　農林漁業金融公庫「中食や外食の利用に関するアンケート調査　平成15年度」資料
B9　農林水産省「食料需給表　平成28年度」資料
B10　内閣府「食育に関する意識調査」2015年、農林水産省「平成27年度　食育白書」資料
B11　東京ガス都市生活研究所都市生活レポート「親子料理の意識と実態2014」資料
B13　長寿科学振興財団「健康長寿」ホームページより作成
B15　神崎宣武・下元豊著『シリーズ食文化の発見【海外編】粒食文化と芋飯文化』柴田書店、1981より転載、一部改変
B16　鈴木啓之著『台所文化史(前編)』東京図書出版部、1959
B18　岡田哲著『食の文化を知る事典』東京堂出版、1998、本田總一郎著『箸の本』柴田書店、1978
B20　日本建築学会編『建築設計資料集成2　物品』丸善、1978
B21、B23、B35、B36、B38、B39、B40、B46　川崎衿子編、川崎衿子・大井絢子著『ライフスタイルで考える3　食卓が楽しい住まい』彰国社、1997をもとに作成
B24、B25　日本建築学会編『建築設計資料集成3　単位空間Ⅰ』丸善、1980
B31、B37　川崎衿子編、川崎衿子・大井絢子著『ライフスタイルで考える2　家事とたたかう住まい』彰国社、1996
B32　小原二郎・加藤力・安藤正雄著『インテリアの計画と設計　第二版』彰国社、2000より作成(高部和子編集代表『家庭科指導資料図解大事典』全教図、1983)
B34　川崎衿子編、川崎衿子・大井絢子著『ライフスタイルで考える2　家事とたたかう住まい』彰国社、1996をもとに作成
B45　農林水産省「食品ロス統計調査・世帯調査　平成26年度」資料
B47　女性建築技術者の会著『家づくりその前に』三省堂、1992
B48　国立環境研究所調査をもとに作成
B49　撮影／斎部功
B50　撮影／輿水肇
B52　撮影／滝川和男

2C
C7、C22、C24、C25　川崎衿子編著『ライフスタイルで考える7　衣生活を整える住まい』彰国社、1998
C9　渡辺ミチ著『衣服衛生と着装』同文書院、1978
C11　中根芳一編著『私たちの住居学』理工学社、2006
C14　稲葉和也・中山繁信著『建築の絵本　日本人の住まい』彰国社、1983、今和次郎著『民家採集　今和次郎集　第3巻』ドメス出版、1971(原画は工学院大学図書館所蔵)
C17　村上信彦著『服装の歴史3』理論社、1981、小笠原清忠著『小笠原流礼法入門―美しい姿勢と立ち居振る舞い』アシェット婦人画報社、2007
C18　今和次郎著『考現学　今和次郎集　第1巻』ドメス出版、1971、原画は工学院大学図書館所蔵
C20　イラスト／minami ayako
C23　菱川師宣筆「和国百女」をもとに作成

2D
D4　本田豊著『絵が語る　知らなかった江戸のくらし』遊子館、2009
D14、D15　光藤俊夫・中山繁信著『建築の絵本　すまいの火と水』彰国社、1984
D16　東京都歴史文化財団編『江戸東京たてもの園解説本』東京都歴史文化財団、2003
D18　TOTO機器「ユニットバスルーム　マンション編」
D27　女性建築技術者の会著『あかるくさわやかサニタリー』経済調査会、1989
D26、D27　東京商工会議所編『福祉住環境コーディネーター検定試験2級公式テキスト』東京商工会議所より作成
D39　TOTO機器「バリアフリーブック　ハイブリックトイレ編」

2E
E3　内閣府「国民生活に関する世論調査　2015年」資料
E5　内閣府「国民生活白書　2007」資料
E6　稲葉和也・中山繁信著『建築の絵本　日本人の住まい』彰国社、1983
E8　東京都歴史文化財団編『江戸東京たてもの園解説本　吉野家(農家)江戸時代後期』東京都歴史文化財団
E9　平井聖著『図説　日本住宅の歴史』学芸出版社、1980より作成
E10　本間博文・西村一朗編著『住居学概論　放送大学教材』放送大学教育振興会、1995(平井聖著『図説　日本住宅の歴史』学芸出版社、1980)より作成
E12　湯川聡子・井上洋子著『新版　住居学入門』学芸出版社、1996
E17　撮影／畑亮
E19、E20　川崎衿子編、川崎衿子・大井絢子著『ライフスタイルで考える2　家事とたたかう住まい』彰国社、1996
E21、E22　田中直人ほか「ペット犬と暮らす都市居住者の意識―都市環境における癒し要素に関する研究」日本建築学会学術講演梗概集、2004.8
E23　川崎衿子編、川崎衿子・大井絢子著『ライフスタイルで考える1　つきあいを楽しむ住まい』彰国社、1996
E24　建築技術教育普及センター『インテリアプランナー講習テキスト』1988
E29、E30、E31、E32　日本建築学会編『建築設計資料集成5　単位空間Ⅲ』丸善、1982
E33、E36　インテリア産業協会著『インテリアコーディネーターハンドブック　技術編』1994
E35　日本建築学会編『建築設計資料集成2　物品』丸善、1978
E37　インテリアデザイン教科書研究会編『インテリアデザイン教科書』彰国社、1993
E38　渡辺優「座る人間工学」コンフォルト2号、建築資料研究社、1990
E41　撮影／松岡満男

E42、E43　提供／モダンリビング
E44　撮影／村井修

2F
F3　上田礼子「新しい発達評価法」総合乳児研究2-1、1978
F4、F6　小林登著『こども学』日本評論社、1999
F5　岩崎芳枝ほか著『新家庭一般』実教出版、1985
F7　McGraw.M.B. による
F8　厚生労働省「国民生活基礎調査」2015年資料
F10　仙田満著『対訳 こどものためのあそび空間』市ヶ谷出版社、1998
F12、F13、F14、F15　ベネッセ教育総合研究所「第2回放課後の生活時間調査」2013年資料
F18　平山宗宏ほか編『現代子ども大百科』中央法規出版、1988
F20　主婦の友社編『中流和洋住宅集』主婦の友社、1929
F21　北浦かほる著『世界の子ども部屋―子どもの自立と空間の役割』井上書院、2004
F29　林知子・浅見雅子編『住まいと暮らしを楽しく学ぶ―住領域教材研究』彰国社、1987 をもとに作成
F33、F34　厚生労働省「2014年度人口動態調査」資料
F35　「石川県子ども事故予防情報（子どもセーフティーセンター）」をもとに作成

2G
G1　国立社会保障・人口問題研究所「人口統計資料集」資料
G2　厚生労働省「平成27年　国民生活基礎調査」資料
G3　内閣府「平成25年度　高齢期に向けた『備え』に関する意識調査」労働政策研究機構の調査資料
G4　独立行政法人労働政策研究・研修機構「60代の雇用・生活調査　平成26年度」資料
G8　内閣府「高齢者の住宅と生活に関する意識調査　2009年」資料
G11　厚生労働省「平成25年　国民生活基礎調査」資料
G12　内閣府「高齢者の生活と意識に関する国際比較（家庭生活の状況）2014年」資料
G14　国土交通省資料
G16　朝日新聞
G17　東京都杉並区地域包括支援センター資料
G19　提供／認知症高齢者グループホームグルップボエンデ井荻
G20　内閣府「高齢社会白書　2016年版」資料
G21　国民生活センター「2003～2008年までの調査の集計報告」2008 より作成
G22　東京都福祉保健局都監察医務院資料
G29、G30　野村歓著『高齢者・障害者の住まいの改造とくふう』保険同人社、1986、東京商工会議所編『福祉住環境コーディネーター検定試験3級公式テキスト』東京商工会議所
G36　撮影／浅川敏
G37　イギリス政府編、湯川利和・小川裕子訳『老人のための居住空間』学芸出版社、1981

2H
H24　総務省「通信利用動向調査」2014年資料
H25　住まいと電化　Vol.14、日本工業出版、2002.7月号（「ホームネットワークの未来像」小野卓夫（東芝））をもとに作成

※特記のないものは、著者の提供による

著者略歴

林　知子（はやし　かずこ）
日本女子大学家政学部住居学科卒業
群馬大学名誉教授。住生活、住環境整備等の計画・研究に従事
元東京都福祉サービス第三者評価委員、高齢者福祉施設オンブズマン委員

大井絢子（おおい　あやこ）
日本女子大学家政学部住居学科卒業
1975年 1級建築士事務所大井建築設計室開設（現・アトリエ群大井建築設計室）
住宅設計・執筆活動に従事
元大学非常勤講師（住居学・インテリアデザイン等を担当）

林屋雅江（はやしや　まさえ）
日本女子大学家政学部住居学科卒業
1971年～　1級建築士事務所林屋設計室開設、住宅設計に従事
元大学非常勤講師（住居学、福祉住環境等担当）
国際女性建築家会議日本支部（UIFA JAPON）理事、小金井市まちづくり関連各種委員

前島諒子（まえじま　りょうこ）
日本女子大学家政学部住居学科卒業
1977年～　基企画設計同人参加、住宅設計・研究活動に従事

塚原領子（つかはら　れいこ）
日本女子大学家政学部住居学科卒業
筑波大学大学院修士課程デザイン専攻分野修了
1995年～　1級建築士事務所ティコンス建築設計事務所開設、集合住宅および住宅の調査、研究・設計計画に参加

林　美樹（はやし　みき）
武蔵野美術大学造形学部建築学科大学院修士課程修了
前橋工科大学建築学科非常勤講師（建築計画　担当）
1996年～　一級建築士事務所 Studio PRANA 開設
一般社団法人住宅医協会認定住宅医、杉並区空き家活用委員会委員

濱田ゆかり（はまだ　ゆかり）
武蔵野美術大学造形学部基礎デザイン学科卒業
1995年～　ひと・環境計画勤務
2016年～　ひと・環境計画代表取締役
シックハウス症候群患者のための住宅設計・エコ建材研究に従事

図説住まいの計画　住まい方から住空間をデザインする　新訂第二版	
1989年 4月10日　第 1 版　発　行	2018年 3月10日　新訂第 2 版　発　行
2000年 3月30日　第 2 版　発　行	2022年12月10日　新訂第 2 版 第 4 刷
2011年 1月10日　新訂版　発　行	

著　者　　林　知子・大井絢子・林屋雅江
　　　　　前島諒子・塚原領子・林　美樹
　　　　　濱田ゆかり

発行者　　下　出　雅　徳

発行所　　株式会社　彰　国　社
　　　　　162-0067 東京都新宿区富久町8-21
　　　　　電話　03-3359-3231（大代表）
　　　　　振替口座　00160-2-173401

著作権者との協定により検印省略

自然科学書協会会員
工学書協会会員

Printed in Japan

©林・大井・林屋・前島・塚原・林・濱田　2018年

印刷：真興社　製本：中尾製本

ISBN 978-4-395-32107-0　C 3052　　https://www.shokokusha.co.jp

本書の内容の一部あるいは全部を、無断で複写（コピー）、複製、および磁気または光記録媒体等への入力を禁止します。許諾については小社あてご照会ください。